安徽省教师教育协同创新中心研究成果

少先队辅导员叙事

辛治洋　李海荣　等著

安徽师范大学出版社
·芜湖·

策划编辑:王一澜
责任编辑:王一澜
装帧设计:张德宝

图书在版编目(CIP)数据

少先队辅导员叙事 / 辛治洋等著. — 芜湖:安徽师范大学出版社, 2017.11
ISBN 978-7-5676-2906-6

Ⅰ.①少… Ⅱ.①辛… Ⅲ.①中国少年先锋队-辅导员-工作 Ⅳ.①D432.51

中国版本图书馆CIP数据核字(2017)第113969号

SHAOXIANDUI FUDAO YUAN XUSHI
少先队辅导员叙事
辛治洋　李海荣　等著

出版发行:安徽师范大学出版社
芜湖市九华南路189号安徽师范大学花津校区　邮政编码:241002
网　址:http://www.ahnupress.com/
发 行 部:0553-3883578 5910327 5910310(传真) E-mail:asdcbsfxb@126.com
印　刷:虎彩印艺股份有限公司
版　次:2017年11月第1版
印　次:2017年11月第1次印刷
规　格:700 mm × 1000 mm　1/16
印　张:12
字　数:226千字
书　号:ISBN 978-7-5676-2906-6
定　价:33.80元

安徽省教师教育协同创新中心系列丛书

目 录

第一篇 少先队工作叙事

第二篇　少先队活动课程叙事

第三篇　少先队员教育叙事

第四篇 我与少先队共成长叙事

第一篇

少先队工作叙事

怀揣满腔热情，成就一场美丽邂逅

李海荣

如果说少先队事业是充满爱和活力的事业，少先队辅导员则是幸福地沉浸在这份爱和活力中的人，我便是其中的一位。在三尺讲台工作伊始，我便与少先队结下不解之缘，并已为之奋斗了二十年。二十年的辅导员工作有喜有忧，有笑有泪。不管是当初在学校和孩子们朝夕相处的日子，还是当前弋江区区域化推进少先队活动课例的工作，对于我而言，都是一份收获，一份美好。

“不忘初心，淡然前行。”这是我多年前的QQ签名。带着这份不曾改变的初心，2009年我离开了热爱的三尺讲台，来到弋江区教育局，负责全区德育工作并担任弋江区少先总队辅导员。我怀揣满腔热情，踏上了一段新的征程，去翻开我人生中又一个华丽的篇章。但不曾改变的是，我延续着与少先队的那份不解之缘。

各校的少先队工作与全区的少先队工作是点与面的结合。全区的少先队工作着眼的不再是策划和主持一次少先队活动，准备一次升旗仪式上的讲话，而是对全区少先队工作的指导与引领。角色的转变促使我必须给自己重新定位，用更加创新的思想对待这份“新”的工作。

之前，无论每一年的工作多么琐碎，多么繁忙，总会圆满落幕。可是繁华落尽，梦却依然。不是感伤，是因再多的收获也掩盖不了长久以来我们的工作一成不变，我们与教育幸福日渐疏远的不争事实。少先队工作面对诸多的困难与挑战，该何去何从？新的局面该从何打开，如何打开？诸多的困惑萦绕在每一位弋江区少先队工作者的心间，也在我的心间。我在内心默默期许，我愿为之不懈努力，用我不变的初心与真心实践教育人的存在价值。

我带着那份初心，用了四年时间，与弋江区所有中小学的辅导员们都成了朋友。这是多么难能可贵的一份收获。正是这些收获让我在少先队工作的道路上奋力奔跑，一切疲乏、烦躁、失落，在我面前都化作浮云，我一路高歌而行。

我对少先队工作的探索，是从少先队课程试点开始的。2013年，全国少工委下发了《关于推进少先队活动课程建设的通知》，要求把中小学少先队活动课例落实到教育部门课程文件和中小学课表上，开展《少先队活动课程指导纲要（试行）》试点，推动少先队活动教研，进一步争取相关资源。2013年3月，弋江区需要推荐三所学校参加这一轮全国试点。我不想错过这次机会，也不能错过，却不知所措。回想我这些年来从事少先队工作，从来没有闲过，却不知忙了些什么。可是在这份机遇面前，我真的要“闲”下来认真审视我多年来一直专注的少先队工作。在思忖再三之后，我推荐了利民路小学、安徽师范大学附属萃文中学、火龙岗中心学校作为弋江区中小学代表，参加全国首批少先队活动课程试点单位。一所城区小学，一所城区初中，一所农村小学，这是三所不同背景、不同规模的学校。13年的基层学校少先队工作经验告诉我，这种自下而上的试点将面临许多困难、困惑和挑战。带着困惑与忐忑，三所学校开始了一年的试点之路。现在回想起来，那时的我们就如蹒跚学步的孩童一般，那是一个充满坎坷的过程啊！三所学校围绕《少先队活动课程指导纲要（试行）》制定了详细的方案，各具特色。试点工作虽磕磕绊绊，但也完成了既定任务，达到了预期的效果，收获了在系统规划下实施少先队活动课例的一些新的经验。与其说是经验，不如说是参与试点工作的每一位少先队辅导员的共同感受：在少先队的基础礼仪规范和仪式教育方面，要做好“点与面”的结合，用“活动”为队员搭建平台，以促进队员发展；少先队活动应结合队员的年龄、特色，分层次、有梯度地进行，才能真正做到因材施教，达到最佳效果。试点工作促进了学校少先队的建设，提高了广大少先队辅导员的业务素质和理论水平，规范了各中队的队会仪式，提高了队员组织、参与活动的能力。同时，我们也有一些困惑：因为试点，无经验可借鉴，有些工作摸不准方向，走了一些弯路。少先队活动课例要求少先队辅导员开展分层次、分年级的教育，是一项系统工作，需要一定的时间去实践和完善。当时的状况是，各校辅导员老师教学任务重，很难把所有精力都放在少先队试点工作上，很难保证在短时间内深入开展活动，学校的各种活动大都停留在组织、策划阶段。另外，少先队辅导员的理论基础不扎实，还需要进一步夯实。

时任共青团安徽省委学少部部长王芳来我区进行试点调研时，三所学校汇报了试点情况，就少先队活动课例实施过程中存在的困惑与王部长进行了交流。王部长对我们的工作给予了充分肯定，指出少先队建设工作需要系统化推进，少先队课程的设置要体现活动性，要体现特色，要适合少年儿童成长的需要，要对中队辅导员进行培训，并希望我们继续努力，积极探索，创造性地开展工作，助推全省少先队活动课例的开展。王部长的此次调研明晰了我们在少先队课程建设推进之路上的奋斗方向。

一年试点工作的跟踪和调研给了我触动和思考。开展基层学校的少先队活动课例势在必行，必须在一定的理论经验指导下系统化推进，少先队活动课例的设置要体现活动性、特色性，要适合少年儿童成长的需要，同时要培养一批经验丰富的中队辅导员来指导和参与少先队活动课例的实施，才能确保少先队活动课例在基层学校有效落实。

所有努力和付出就是为等待一个机会，把有意义的事情做得更加有意义。这个机会从少先队活动课例试点开始，从区域推进少先队活动课例开始。2014年8月，全国少工委下发《关于区域化推进少先队活动课建设的通知》。团市委推荐弋江区作为全国区域化推进少先队活动课建设试点区。试点区意味着在三所学校试点的基础上向全区铺开。且不说三所学校试点的成功与否，区域内城区和农村学校差别大，各校工作重点不同，少先队工作在全区整体推进，难上加难。2014年9月16日，“区域化推进少先队活动课建设协调会”在团市委机关会议室召开。我和团市委副书记陈娟娟，安徽师范大学教授辛治洋，市教育局团委书记张伟，团区委书记孙辉，区教育局副书记詹玉坤一同参加了会议。我是带着忐忑不安的心情参会的。因为实情摆在眼前，扎实做好当下的工作亦是不易了。可我们的理由不足以和上一年试点工作的成绩“抗衡”，再加上弋江区拥有的高校专家资源，我们在彷徨和迷茫中接受了这项艰巨任务。

一年的时间转瞬即逝，365个日夜仿佛还在眼前。对于我区参与课例编写的128位少先队辅导员而言，一年的课例编写过程是历经一轮一轮的研磨，一轮一轮的涅槃，不断奋战的过程。于我而言，这365天是与128位亲爱的战友们亲密相处的美好过程，虽然这个过程充满辛酸，但我们痛并快乐着。每天，我被这些战友们感动着，因为他们对少先队工作的倾力付出而感动，因为他们对少先队工作的执着而感动。每一次，无论教研会开得多久，都不会有人提前离开，大家一直沉浸在热烈的讨论中、思考中、辩论中，夜幕降临却浑然不知。在寒雨冷风、漫天雪花中说着、笑着，在山花浪漫时思着、忖着，然后满怀信心地踏上回家的路。到现在我都还清晰地记得一个个让人动容的画面：深夜里，那位年轻的少先队辅导员在灯下一边修改课例，一边哄着尚在襁褓中的孩子安然入睡；那个生病了还坚持参加研讨活动的少先队辅导员；那个在风雨中骑着电动车，浑身湿透了也不在乎，坚持赶来开会的少先队辅导员……我们坚持了下来，走过了那段艰难的时期。要面对的困难太多，要考虑的问题太多，要协调的事情太多，没关系，我们一桩桩、一件件完成。虽然白天的教学工作已让我们口干舌燥、精疲力竭，但是当我们面对少先队辅导员的工作时，我们依然时刻保持清醒的状态和无尽的活力。

区域化推进少先队活动课建设，必须在全区引起广泛重视。经过多次协调会后，我们成立了领导小组和工作推进组两级领导组，成立了区教育局和学校两级教研组，成立了芜湖市弋江区教育局“少先队活动”学科工作站。我们围绕进课表、编课例、做课题、进课堂四个关键环节，在实践中找到了推进少先队活动课程建设的方向和立足点；我们解决了少先队活动课程到底要“上什么”和“怎么上”的问题；我们举办各类培训10余场，受训辅导员达400多人次；2015年上半年和下半年，我们分别召开了少先队活动课例论证会和少先队活动课例发布会；我们投入25万元经费出版了涵盖8个年级、56个主题、208个关键词、90万字的《少先队活动课例》书籍9本；我们投入28万元经费建立了8个“少先队活动”学科工作站，深入推进少先队活动课程教研。总之，我们实现了从形式上的进课表，到实质性的编课例、做课题，最终实现少先队活动课程进课堂的目标。

参与课例编写的128位辅导员覆盖了全区少先队大队、中队辅导员总人数的1/3，组成的教研团队和编写队伍得到了锻炼和提升，是教师教育参与式培训的成功典范之一。借助“区域化推进少先队活动课建设”的契机，完成1—8年级少先队活动课例编写、出版工作，解决了中队辅导员“无本可依”的困局。这是全国唯一一个由区县层面独立完成的少先队活动课例体系。借助高校专家之力，编著《少先队活动课例编写说明》，解释清楚了“上什么”与“为什么上”的关系，系统回答了少先队活动课的内容、体系、教学等问题，是“区校合作”、安徽省教师教育协同创新中心的先期成果。依照《少先队活动课程指导纲要（试行）》及区域化推进实情，系统规划课例主题及分年级关键词内容，配套完成的课例资源包解决了少先队活动课与班会课的关系，这在当时全国少先队活动课程建设中尚属首次。

我用了太多的数字、事例来总结我承担的这份工作，每当我静下心来回味着这几年走过的路，我心中是满满的成就感和幸福感。有成就感是因我们的努力充实了当下的少先队活动课例体系，缓解了少先队活动课例的教研矛盾，锻炼、提升了少先队工作队伍。有幸福感是因为与所有辅导员朝夕相处，彼此建立了亲密无间的深厚感情，在这艘友谊的小船上我们一起远航，即使暂时不见彼岸，我们齐心协力，友谊的小船载着我们驶向远方。

有了成果，取得成功，只是新的起点。与时俱进也好，追求完美也罢，“宝剑锋从磨砺出，梅花香自苦寒来”是我的人生信条。2017年，我们要对已出版的9本课例重新修订，这又是一项艰巨的任务。可我相信自己，相信亲爱的战友们，会为我们热爱的少先队事业继续付出心血与汗水。我们知难而上，执着追求，实现从无到有的飞跃；通过团队合作，共同创造，在实践中不断反思，自我更新。

“你若盛开，蝴蝶自来。”作为一名“老”少先队辅导员，我始终满怀希望，保持源头一汪活水，让清泉如许。“邂逅相遇，适我愿兮。”我对少先队工作的爱和热情成就了这场美丽的邂逅。

学做大队辅导员

胡梦莹

对于刚走上工作岗位的我们来说，面对即将开始的新生活，大部分人的心情都是紧张而兴奋的。2014年，我作为一名数学教师走进火龙岗中心学校。入职第一天，校长找我谈话，让我兼任大队辅导员一职，并向我陈述了大队辅导员工作的重要性以及对我的意义。打那时起，我便茫然而又忐忑地踏上了大队辅导员工作之路。

一、在活动中学

我曾经不停地问别人并且问自己，大队辅导员具体要负责哪些事情呢？我们学校前任大队辅导员笑着告诉我："事情非常多！"我带着疑问与懵懂，从学校常规工作做起，组织、安排每周一的升旗仪式、国旗下讲话，每天的经典诵读、早操、眼保健操……每天像打了鸡血一样，乐此不疲！

组织活动是大队辅导员的工作职责之一。我把每一次组织活动的工作都当作对自己的一次历练，认为这是在为学生健康成长而努力。比如，我通过讲故事比赛帮助学生树立自信，锻炼学生的语言表达能力。说起活动，不得不说说我们学校的才艺展示，才艺展示顾名思义就是自我才华的展现。周二至周五早操前，每天每个班级派出一名学生，在国旗台上面对全校师生进行15分钟的展示。别小看这15分钟，学生和老师们可是做足了准备，有的自己主持，有的负责串词，有的进行创意表演。表演者在舞台上享受着属于自己的展示空间，师生们在下面看得津津有味。为了让活动更有意义，校长每天都会录像，把学生每天的才艺展示制作成小视频，让学生拷贝回去，以此激励其他同学。

对我而言，最痛苦的莫过于每年3至6月。在这段时间内，我校要开展艺术节活动，春游，"六一"儿童节，等等，工作的推进非常艰难。一直到今天为止，我仍然很纳闷：我这种性格的人真的适合这个岗位吗？大队辅导员的这些琐碎工作的意义体现在哪里呢？每当我组织学生参加活动时，我就会重新肯定这项工作的重要性。我读小学的时候，学校没有为我们开展这么多丰富多彩的活动，所以我由衷地觉得我的工作对小朋友来说是相当重要的，最起码他们是非常乐意参加的，这也许是我唯一的动力了！

二、在任务中学

我在初步适应少先队辅导员的角色之后，接到了属于这个角色的第一份正式的工作文件。面对这个文件，我觉得我又回到了起点，因为我完全不知道文件讲的是什么、要干什么。于是，我的“前任”又开始一点点分析给我听。面对文件的工作安排与要求，我干劲十足，并且相信虽然自身能力一般，但只要努力就一定可以完成。

如果将大队辅导员的工作以难度系数衡量，那理解工作文件、组织活动的难度系数远低于编写课例。对于我来说，不知道是不是幸运，弋江区区域化推进少先队活动课在2014年开始了。第一次动员会议让我印象深刻，因为什么都没听懂，于是我就四处询问。在大家的帮助和我自己的努力下，我终于完成了两篇课例。还清晰地记得辛教授第一次对我们课例的点评，用“一针见血”来形容再合适不过。当时，辛教授肯定了我所写的两篇课例中的一篇，认为这篇课例的思路尚佳，但另一篇“完全偏离了方向”。听到这样的评价，我好郁闷。于是，我铆足了劲改课例。经过近一学期的奋战，我们三年级的课例在大家快要崩溃的时候完成了，接下来就是成立小组完成其他年级课例的编写任务。对于我来说，这不仅是完成好自己分内之事那么简单了，我还要组织学校老师一起参与这项工作。于是，我组织、策划了我校的关于少先队活动课例编写的第一次会议。在会上，我不急不躁地向大家解释文件精神。后来，在大家的配合下，虽然困难重重，但是我们还是经过“九九八十一难”取得了“真经”，我永远不会忘记课例全部通过时大家的喜悦！在参加少先队活动课例编写的过程中，在前辈的指导下，我逐步形成了自己的工作特色。

三、在管理中学

学校的常规工作需要大队辅导员参与，为此，我慎重地从高年级中选了部分学生做“红领巾监督岗”成员。第一次动员会议很成功，同学们干劲十足，但一段时间后，“红领巾监督岗”的同学们开始懈怠了，甚至部分同学胡乱打分，造成部分班级的不满，严重影响了“红领巾监督岗”的形象。我没有立刻批评他们，而是等待合适的机会教育他们。

一次，几个“红领巾监督岗”的同学打闹，被校长逮了个正着，校长处罚了他们。趁此机会，我召开“红领巾监督岗”成员会议，对他们的行为进行了批评、教育，指导他们如何当好一名合格的“红领巾监督岗”成员。此后，他们有了明显的变化，开始重新审视自己手中的权力，而我也在那次事件中反思自己前期工作的不足。这是一次非常成功的会议，同学们敞开心扉说出自己的困难和困惑，我们共同商讨、解决。面对一些陋习，我们积极提出改正办法，并形成了一套奖惩制度。自此以后，“红领巾监督岗”的成员真正成长起来。

大队辅导员的工作确实不是可以用“多”或“少”来量化的，它也不局限在某一方面。每年，各种形式的活动数不胜数，这对担任大队辅导员的我们来说是挑战与历练。虽然大队辅导员有着这样或那样的工作任务，扮演着教育者、管理者和组织者的角色，但是最重要的角色便是队员的好伙伴。我希望学生们愉快、充实地成长为少先队员，在将来的某一天，当他们回忆起自己是如何光荣地加入少先队和少先队的生活时是骄傲的、自豪的！

忙碌而充实的工作，丰富而多彩的经历使得我在大队辅导员的路上不断成长，经历失败、挫折并重新站起来。面对各种困难，我努力想着怎么化解并最终成功解决。这样或那样的经历成为我人生宝贵的财富。我知道，我只是刚刚起步，还有很长的路等着我去走！

大队辅导员是什么，我以我的行动来回答。

破茧成蝶

——我为大队辅导员的心路历程

汤广州

2014年，我开始接触少先队活动课例，这对我来说，几多困惑、几多迷惘、几多烦恼。面对这些，我如虫蛹一般，被束缚着。我要突破！只有突破，才能破茧成蝶！

一、困惑、迷惘

对于像我这样从事中学团队工作的人来说，对少先队工作不陌生，但是要我们组织中学阶段的少先队活动，把它当作一门课程来开设，还要写入课表，这就让我们困惑不解了。中学不是只开展团队活动吗？少先队活动好像只有小学才开展吧！让中学生戴红领巾，他们愿意吗？让中学的班主任上少先队活动课，他们能接受吗？中学一直以来是以教学为主，上少先队活动课的意义在哪里？……这些问题不停地在我脑海中翻腾。

虽然困惑，但这是上级布置下来的任务，硬着头皮也要完成。可是当我们具体实践时，彻底傻眼了：这是一个什么样的组织？队旗、队徽的意义是什么？怎么出旗，怎么退旗，旗手怎么执旗？红领巾怎么戴，它有什么意义？哪个是大队旗，哪个是中队旗，有没有小队旗，他们有什么区别？我们的中学少先队员需要什么样的教育？如何开展喜闻乐见的活动，让队员能积极参与并有所得呢？……尽管我困惑、迷惘，工作还是要进行的，就“摸着石头过河”吧！

随着课例编写工作的开展，让我担心的事也随之而来了：推脱、拖拉是我们分站完成课例的最大阻碍。推脱表现在任务分配不下去，没人愿意来承担这项工作；拖拉是分配下去的任务总是完成不了。这样完成的任务，其质量可想而知，交上去的课例被辛教授毫不留情地批评，并打回重新修改，自然在情理之中。

二、挣扎、努力

“天将降大任于是人也，必先苦其心志，劳其筋骨，饿其体肤，空乏其身，行拂乱其所为，所以动心忍性，曾益其所不能。”痛苦也许更能激发人的斗志。我们在接受了安徽师范大学辛治洋教授的多次培训之后，在安徽师范大学附属小学汪建设老师和安徽师范大学附属萃文中学史蕊老师的带领下，从一年级到八年级的少先队活动课的主题“出炉”了。接下来就进入了紧张的分组、接任务、招组员的阶段，少先队活动课例的编写工作正式开始了。

在四易其稿之后，终于如天空破晓，喜报频传：所有课例全部达标，有一些小问题留待以后修订；配套课件也在多次修改后纷纷达标；高规格的少先队活动课例论证会召开，我们的工作得到了安徽师范大学教育科学学院领导、共青团芜湖市委领导的肯定，他们也提出了许多宝贵的建议；编订的课例交付出版社正式出版；芜湖市少先队活动课例发布会举行了，我们的工作得到了与会的少先队安徽省委领导的肯定。在短短的十个多月的时间里，这些消息让包括我在内的一百多位参与这套课例编写的少先队辅导员心情激荡，大受鼓舞。接下来，各工作站在区教育局的领导下，在辛治洋教授及其团队的辅助下，紧锣密鼓地举办了形式多样的少先队活动课例研讨活动，这些活动不断地完善着我们的成果。

三、回望、更新

现在回头看看，有一些问题还是比较突出的，也是在很多行业中普遍存在的。

现在的班主任有很多是从教多年的教师，他们有着多年管理学生的宝贵经验。经过一段时间的培训，他们完全能胜任少先队活动课程的教研和教学工作。可是他们中有一小部分人不愿改变现状，秉承“安全第一”的思想守着自己的“一亩三分地”。当然，这种现象的存在与多方面的因素有关，但我认为主要与其职业目标不明确有关。

不过，可喜的是，现在越来越多的优秀的老师正在加入我们的队伍，这其中既有像善瑞中学周吉富这样的高级教师，也有像二十四中陈育、二十五中方棣这样的年轻的少先队辅导员。他们的加入，增强了我们这支队伍的实力，也让我们这支队伍拥有了更多的朝气和热情。我希望我们的少先队工作能发展得越来越好！

弋江区教育局把“区域化推进少先队活动课建设”工作当作一项重点工程来抓，为此做了大量的准备工作，所以前期工作进展很快，十个多月就取得了丰硕的成果。但是这项工作在给少先队辅导员带来新的挑战的同时，也确实加重了他们的工作负担。一方面，他们的劳动价值在经济上没有得到体现；另一方面，存在重行政工作安排与绩效考核“两张皮”的问题。

弋江区教育局德育科在2016年年初的工作建议中把这一点作为改进意见上报给主管领导后，在2017年的绩效考核试行方案中，少先队活动课程纳入了绩效考核的范畴。我想这一措施的落实一定能促进少先队辅导员工作的良性发展。

四、坚守、展望

当你看到《少先队活动课例》出版时，你觉得那些作者好帅，能够让自己的名字出现在图书上流传于世；当你看到身边的少先队辅导员参加各种比赛，你觉得他们好能干，可以在不同的舞台展示自己的风采；当你看到许多少先队辅导员可以到各地培训，你觉得他们好酷，可以学到那么多新知识，结识那么多新伙伴；当你看到自己离他们越来越远的时候，你是否发现青春也在悄然离去……不吃苦，你要青春干吗？

“红领巾监督岗”的三次会议

李　文

一天早上，602班班主任方老师急匆匆地走进来，语气不那么温和地对我说：“李老师，向你反映一个问题。”我放下手中的事，说：“方老师，什么事？您说。”“‘红领巾监督岗’的成绩不真实。601班值日生偏向自己班，自己班卫生不好不扣分，别的班有一张小纸屑，他一下就扣10分……这样会让班级之间产生矛盾的……”这不是我第一次听到老师反映“红领巾监督岗”的问题了。有一次，301班班主任跟我说一位“红领巾监督岗”的值日生把别的班的责任区成绩记到她们班的成绩上去了，造成301班分数低，301班的同学们都很气愤。此外，我还听到“红领巾监督岗”的几位值日生说过，某同学值日时打分不公正。每当遇到这种问题，我会及时了解情况，并处理相关值日生。方老师这次反映的问题，已经影响到班级之间的和睦与团结了，再这样下去，“红领巾监督岗”就完全失去客观、公平、公正的原则了。

我想：这些值日生可都是各班的优秀学生，有的还是学校少先队大队委成员，他们都是品学兼优的学生，怎么会这样呢？于是，我召开了三次“红领巾监督岗”会议。

一、第一次“红领巾监督岗”会议

第一次“红领巾监督岗”会议于2015年10月3日召开，我和全体“红领巾监督岗”成员参加了本次会议。会议的主要内容：一是对前段时间大家的工作给予点评，表扬了部分认真、客观、公平、公正的值日生；二是指出老师和同学们反映的最近值日工作中的不良现象，并请大家讨论；三是帮助“红领巾监督岗”的同学建立使命感、责任感；四是宣布在学期结束时，将根据大家工作的表现，评出“校园守护星”若干名。

在此次会议中，我分析了“红领巾监督岗”工作中出现问题的原因：个别值日生过分关心自己的班级。我告诉他们：“你们在值日时，代表的是学校，不是自己的班级，理应客观、公平、公正地打分。你们的工作就像‘校园守护星’一样，可以让学校校容、校貌变得更好。这是多大的责任、多光荣的使命啊！"

我为了进一步强化他们的责任意识，力求从思想上动员值日生抛弃"班级小我"，树立"学校大我"思想，树立责任感、使命感，采用奖励的方式激励他们"踏实工作、奉献校园"。此后几周，学校"红领巾监督岗"的工作有了明显的改善。但是，一个月后，又出现了不良现象，有值日生利用职权为班级作弊。看来第一次会议并不成功，"红领巾监督岗"的第二次会议势在必行。

二、第二次"红领巾监督岗"会议

第二次"红领巾监督岗"会议于2015年11月12日召开，学校德育处主任、大队辅导员、部分班主任、全体"红领巾监督岗"成员参加了本次会议。在这次会议上，我们对成员们强调了"红领巾监督岗"工作的重要性，并认可了同学们前段时间的工作，但是也指出了不太好的现象。我们针对这些现象，提出了解决方案。

所有参会成员讨论后决定，为了保证"红领巾监督岗"公平、公正地为大家服务，决定采取师生共同管理的方法。每天由值日生和一名值日教师共同检查，教师既可以和学生一起检查，也可以在学生检查后单独检查一次。围绕这个方案，我们安排了教师和学生值日表，值日教师由德育领导和艺体课老师组成。

此方案推行后，得到所有师生的拥护。但是时间一长，问题又出现了。一方面，值日教师觉得教学任务已很繁重，再参加"红领巾监督岗"工作，有些吃不消，还有老师有时需要出差，无法参加值日。另一方面，值日学生觉得自己可有可无，不被信任，不被尊重，有时害怕自己和老师的检查结果不一样。

是啊，"红领巾监督岗"本就是"红领巾"自己的组织，应该还权给学生，只有学生自己才是最了解自己的。老师参与，可能在某种程度上保证了公平、公正，但谁又敢说这是真正的"公平、公正"呢？于是，第三次"红领巾监督岗"会议应时而开了。

三、第三次"红领巾监督岗"会议

2015年12月20日，第三次"红领巾监督岗"会议召开了，参会人员包括我和全体"红领巾监督岗"成员。这次会议我再次重申了"红领巾监督岗"的意义，明确学生才是"红领巾监督岗"的真正主人，这是"红领巾"自己管理自己的一个组织。那么叫“监督岗”还合适吗？大家讨论后，决定将“红领巾监督岗”正式更名为“红领巾自我管理岗”。那么，怎么管理才合理呢？怎样才能更客观、更公平、更公正呢？大家充分探讨，每个人积极发言，自己制定评比规则，自己制定评分方法。

新的评比规则出台了：高年级评中低年级，中年级评高年级，交叉评比，原则上避免自己给自己评分；设立更多自我管理岗，评分更细致。例如：评“出早操”这一项，就分别有同学给出操路队打分，给同学做操态度打分，给下操路队打分，这样就避免了一个人就决定一项成绩的情况。新的评比规则是值日生自己制定的，得到了他们一致拥护和坚决执行，应该说这是目前最科学的评比方法。

纵观这三次会议，第一次主要是做学生的思想工作，让学生认识到自己的责任和使命，起到了一定的作用。第二次是把“红领巾监督岗”变成“师生监督岗”，学生失去主动权，结果是老师喊累，学生叫“怕”。第三次是把“红领巾监督岗”还给学生，让学生自己制定规则，彻底发挥学生的聪明才干，让他们自我管理。这件事给了我们少先队其他工作很多启发：思想工作要做，但是更重要的是要有科学、合理的制度保障，并且这种制度最好是由被管理者自己参与制定的。另外，尊重学生，信任学生，充分发挥学生的才能，是做好少先队工作的法宝。

同甘共苦就没有抱怨

陶婷婷

我们学校在城郊，全校大约有90人，人不多，但少先队工作依然按章开展。我在开展少先队工作的过程中，既锻炼了意志，又得到了成长。

记得我刚接手少先队工作的时候，情绪一度特别低落，因为我对校园和少先队辅导员的工作都很陌生，开学才一个月就感觉每天都有忙不完的事情，工作干得一塌糊涂。每天的检查表中总有班级的分数很低且“屡教不改”，课堂纪律不好，学生不认真完成作业，考试成绩更是差……种种事情交织在一起，让我很郁闷，我的脾气也暴躁了很多。

然而，后来发生的一件事改变了我。我们学校的面积大而学生少，经常有学生和老师抱怨说卫生太难打扫了。之前我只是淡淡一笑，体会不深。有一天早上，我早早地来到了学校，看到已经有很多队员在操场上打扫卫生了，没有工具的小队员在用手捡树叶。早上刚下过雨，挂着雨水的树叶掉在塑胶操场上，增加了打扫的难度，用扫把根本扫不起来，他们需要弯腰捡树叶。这时，我被他们感动了，我没有像往常一样到办公室去，而是加入他们的队伍。队员看我拿着大扫帚在卖力地扫，他们的干劲也足了。大家你扫花坛，我倒垃圾，齐心协力，终于在上课铃响之前把卫生责任区打扫干净了。当一个美丽、干净的校园呈现在大家眼前的时候，我们相视而笑，我说：“大家辛苦了，今天早上的卫生工作到此结束，大家带好工具，洗手回班级，休息下，准备上课。”

看着队员工作时的样子，想想之前大家的抱怨，其实都是可以理解的，而我那天没有听到一句怨言，我想不是因为我分担了他们多少劳动量，而是我的行动给了他们克服困难的力量。后来，每天我都提前来到学校，和队员一同进行早晨的清洁校园工作。慢慢地，大家的抱怨越来越少了，事情完成得也越来越好了，我的少先队工作也因为他们的支持做得越来越好了。因为我一次次的陪伴，我们一次次的同甘共苦，我与队员的感情日渐升温。我想，我开始慢慢找到成为一个合格的少先队辅导员的方法了。

一切都在朝好的方向发展，我心里的压力也在渐渐减小，工作也逐渐变得轻松，情绪也渐渐平稳了。空闲时，我经常在电脑上查找资料，学习如何当一名合格的少先队辅导员，再也不像之前的无头苍蝇一样，无声抗议，默默消沉。

学校少先队的日常工作一直在正常开展，我就想应该着手丰富我们的少先队活动了。虽然我是学校新进的老师，但是大家对我都很照顾，对我的工作也非常支持。学校每天都安排学生做广播体操，低年级的学生动作做不到位，高年级的学生做操不认真。我想既然安排做操，我们就应该做好。于是，我在教师会议上提出再学广播操，没想到大家都很赞同。我这才有勇气将自己的方案拿出来和大家一起探讨。由于我们学校没有体育老师，就由我利用大课间和中午半小时的时间，教每个中队两名队员，各中队自行利用体育课等时间安排练习。为了提高大家学习的积极性，我提议在"六一"儿童节的时候搞一次全校的广播操会演。接下来的时间，我们整个校园都活跃了起来，短短几个星期之后，再看大家的早操，让人禁不住点头称赞。

不久，我接到了弋江区少先队工作站站长发来的关于"校园文化艺术节"的文件。要是以前，我又开始抱怨了。而这次不同，我开始喜欢少先队工作了，喜欢和队员在一起了。

在接下来的教师会议上，我又提议各班班主任积极开展中队活动，并制订了一套详细的活动计划。我作为学校的大队辅导员和六年级中队的中队辅导员，我首先在自己班级开展活动。经过两个星期的准备，到了中队表现的时候了。学校利用大课间为各中队提供展示机会，二至六年级中队轮番上场。这样的活动，既丰富了队员的课余生活，又增加了校园的朝气。

简简单单的几件事，在别人眼里可能没有什么值得说道的，但是对我来说，却是让我成熟的催化剂。通过共同的劳动，共同的努力，让我走进了队员的内心。我们一起互动，建立了一个欣欣向荣的少先队集体。很感谢小队员，更感谢学校的老师们，是大家让我明白了，只要我们同甘共苦，少先队工作就会取得理想的效果。

少先队让我和女儿一起成长

曹永芳

2015年9月，新学期伊始，学校少先队辅导员胡梦莹老师愁眉苦脸地来找我，用几乎央求的语气对我说："曹老师，我们弋江区少先队工作站将全区少先队划分为九个小组，要求每个小组除组长外必须发展8个组员来开展工作，我们第五小组目前还差1人，你参加吧，我再也找不到比你更合适的人了！"

我没有马上答应胡老师，而是有所顾虑地想了很久。如果接受了这个邀请，会有更多的工作任务，我们学校学生多，一个班的学生数在60左右，班主任同时身兼中队辅导员，除了要完成繁重的班级管理工作和教学任务外，还要随时准备接受少先队组织和学校分配的各项事务，肩上的担子虽然重了，但是在待遇上却没有得到体现。除此之外，我还有其他的顾虑：虽然我参加工作后干过中队辅导员、大队辅导员，但后来因为工作调动和家庭的原因，我已经有很多年没有担任过少先队辅导员。如果加入工作小组，我能行吗？

晚上，我回到家，刚上三年级的女儿异常兴奋地告诉我："妈妈，我被选上学校少先队红领巾志愿者啦！"我故作好奇地问："红领巾志愿者是干什么的呢？"女儿不假思索地回答："红领巾志愿者是为学校少先队大队部做事的！主要职责是每天检查各班的'两操'情况和课间不文明的现象，并做好记录。……我一定要认真工作，积极表现，争取将来能成为少先队大队委里的成员！"女儿踌躇满志的情绪瞬间感染了我。是啊，她这么小都愿意在繁重的学习之外承担少先队的工作，还立志要好好干，我这个做妈妈的还有什么好犹豫的呢？于是，我决定加入我们学校少先队工作组，和异校的女儿在工作中并肩同行，共同成长！

在我的眼里，少先队工作的琐碎让人望而却步；可在三年级女儿的眼里，能成为学校的红领巾志愿者，参与少先队工作，是一件无上光荣的事情。最初的那段时间，女儿工作热情高涨，轮到她值日的那天，她早早地就去学校了；晚上回来，她把带回的值日记录表用心整理好，还不忘和我分享她检查过程中遇到的奇闻逸事。开始我还担心这会影响她的学习，可后来的事实证明，这不仅没有影响女儿的学习，而且自从她当上红领巾志愿者后，对自己各方面的要求也提高了，如能主动背诵英语课文，上课更加专心了，平时和小伙伴相处更注意礼貌和谦让了。我曾逗她：“自从当上了红领巾志愿者，你怎么像变了一个人似的？”女儿自豪地答道：“我是红领巾志愿者嘛，只有在各方面严格要求自己，才能在同学们心目中树立榜样呀！”听到她这样说，我感到欣喜，同时，我也抱着边做边学的态度，投入陌生的少先队活动课例论证工作中。揣摩、讨论、修改、试教、再修改，我不厌其烦。最后，当我将课例论证的过程性材料完整地上交给大队辅导员时，内心竟也有一丝成功的喜悦。

时间一长，常态化的工作让女儿开始有了抱怨：课间的检查工作让她失去了自己的时间；她对个别调皮捣蛋的同学束手无策；……更让她觉得委屈的是，自己的工作受到了阻碍。事情是这样的：一天，女儿去某班检查眼保健操时，发现有个男生不好好做操，偷偷睁眼看她。女儿正准备记下来，男生的班主任走过来，严肃地对女儿说：“这个同学只是睁了一下眼，又不是在捣乱不做，不要乱记，这会影响我们班级形象的！”女儿第一次觉得特别委屈，回来让我评理，还赌气说第二天不当红领巾志愿者了！其实，女儿遇到的问题是一个普遍性的问题，很多小队员，甚至少先队辅导员也都有这样的工作经历和思想波动。如何给女儿积极、正面的引导和教育，同时也给自己一些鼓励呢？看着女儿的茫然和委屈，我突然意识到，摆在自己面前的有两种选择：一种是和她一起抱怨，赞成她说不干就不干；另一种是帮助女儿找到原因和方法，让女儿在挫折中获得成长！很显然，作为一个合格的母亲，也作为一个负责的中队辅导员，我宁愿尝试后者。

于是，我想，我们一直在谈如何培养孩子的责任意识，如何增强孩子战胜困难的勇气，我何不以此为契机来给孩子积极的教育和引导，从而让她获得一次真正的成长呢？孩子之所以会产生工作倦怠，遇到困难会退却，很大程度上是因为她对少先队工作没有深入的认识，缺乏责任感和使命感，更多的是把它作为一种荣誉来享受，而不是把它当作历练自己、奉献他人的事情来做。

想到这里，首先，我告诉她，遇到问题就轻易地说放弃是不对的。老师和同学们是因为对你认可和信任，才从全班50多个同学中选了你当红领巾志愿者，这不仅是你一个人的荣誉，也是你们全班的荣誉，你说不干就不干，不仅辜负了老师和同学们对你的信任，也是一种不负责任的表现，是不可取的。其次，从思想认识上帮助她，让她真正认识到红领巾志愿者不仅仅是一个荣誉，更是少先队工作不可或缺的重要部分，工作中，不仅仅需要激情，更需要面对困难的勇气和解决问题的方法。最后，我指出，少先队工作虽然是一些很细微的小事，但是我们如果耐心地去做，不怕繁琐，不怕困难，问题一旦解决了，我们收获的不仅仅是成功的喜悦，还有可贵的成长！具体到实际工作中，我和女儿一起分析原因，寻找方法。我们认为要正确处理好工作、学习和玩耍这三者之间的关系。可以利用中午休息的时间做女儿喜欢的事情（做手工、看课外书等），完成学习任务时要提高效率。对少数调皮捣蛋的学生或课间不文明的现象，要先劝阻、警告，然后再考虑向老师汇报或记录。工作中既要坚持原则，又要灵活变通，不会产生严重后果的现象，或劝阻、警告能解决的问题，尽量不记录。

女儿听了我的一番话，平静了许多，不好意思地说："我只是说着玩的，好不容易当上红领巾志愿者，哪能就这样灰溜溜不干了，我还要好好努力，争取成为一名大队委呢！"女儿那不服输的劲儿又回来了。在接下来的日子里，她不仅一如既往地认真对待工作，而且还告诉我，自己在工作中也摸索出了一些小窍门，积累了一些小经验！前不久，她还告诉我，由于自己工作认真、积极，学校大队辅导员透露，有意在下学期的大队委改选时，增选她进入大队委，听到这些，我感到由衷欣慰！

在教育女儿的过程中，我发现自己对少先队工作的认识，也经历了由模糊到清晰、由肤浅到深入的过程，与其说是我给了女儿一些教育和引导，不如说是女儿给了我一些启发和思考。我虽然经历过犹豫、徘徊，甚至迷茫，但是，我们最终坚持了自己的工作信念。我们在参与少先队工作的过程中，不仅对少先队工作的意义有了更深的理解，而且对自己也有了更深的认识。我和女儿在少先队工作的摸索和历练中，开始了一段并肩同行、共同成长的旅程！

探索“少先队活动”学科工作站的工作方式

——记一次少先队入队仪式

柴 红

2015年，弋江区作为芜湖市争创区域化推进少先队活动课建设全国示范区，已经创建了区级领导组和工作组，在区级和校级教研组开展了系列专项教研活动，完成了《少先队活动课例》的编写，确保了少先队活动课每周1课时进课表。弋江区教育局、团区委和弋江区少工委决定在上述建设成果的基础上，进一步推进少先队活动课程建设。2015年9月，在弋江区“少先队活动”区级教研大组的基础上，成立了弋江区“少先队活动”学科工作站，聘请安徽省少先队副总辅导员、安徽师范大学“少年儿童组织与思想意识教育”硕士点负责人辛治洋教授担任工作站站长，弋江区教育局德育科科长李海荣担任工作站督学。其中，我作为第六工作站的副站长，主要负责南瑞实验学校少先队教研工作的开展。工作站以课题为抓手，推进区级少先队活动课程建设。工作站要申报完成安徽省教育科学规划课题，设置委托课题和自选课题，以一年为一个周期，开展少先队活动课建设的研究工作并形成有效成果。

一、迎着困难出发

弋江区“少先队活动”学科工作站这次共聘请了8位副站长，他们基本上都是各自学校的少先队大队辅导员，有一定的少先队工作经验，学校的班主任老师对他们也比较熟悉。我作为学校的中队辅导员，人微言轻，从事副站长一职后难免碰壁、困难重重，如果处理不好各种关系，很可能会事倍功半。除此之外，个别教师思想倦怠，只愿做自己的教学工作，不愿去想、更不愿去做少先队工作。再加上弋江区少先队教研组成员多是班级班主任，平日里工作繁杂。所以，每一次教研活动的开展都会遇到许多难以想象的困难。

二、摸着石头过河

面对工作中的困难，我们并没有经验可循，只有一步一步，摸着石头过河。

为了使工作站的教研工作能进一步落实，我们制订了学期教研计划，并于新学期伊始召开了第一次教研会议，并由学校分管德育的副校长全程参与。在落实工作的过程中，我们和本组组员建立了微信群和QQ群，保持沟通，布置了相关任务，学习了相关文件，及时督促本组成员按计划完成教研任务。例如：本学期我们组重点进行"升旗仪式"的课例磨课活动，由薛锫老师主要负责此次活动，我和其他4名老师负责指导与辅助薛锫老师完成任务，并做好活动记录。同时，学校工作不容忽视。我们结合学校的具体工作，及时调整和完善教研工作。例如：学校于12月举行"韵律瑞冬，迎春畅想"校园文化展示月系列活动，少先队活动作为此次活动的组成部分，一年级同学将以此为契机进行入队仪式培训，内容包括认识红领巾、学系红领巾，学唱队歌，学会呼号，学会入队宣誓，学会行队礼，等等。

结合仪式相关工作，一年级各班班主任先利用班会课对全班学生进行新生入队前的普及教育，让每一位学生对少先队的队礼、呼号等有一定的了解。班会课结束后，由学校大队辅导员带领即将入队的学生参观大队部，让同学们对少先队组织有了更进一步的认识。为了更真实、有效地开展此次活动，也为了更进一步规范仪式训练的每一个环节，活动期间，我们还特别邀请了安徽师范大学的研究生陈曦，对活动进行全程跟进，深入指导。这种新型的教研和合作方式不仅解决了一线少先队辅导员老师在专业上的困惑，同时也让研究生有了理论联系实际的机会，可谓双赢！活动结束后，由学校大队辅导员杨静老师、陈曦和我就活动开展情况进行交流，并商议下一步工作安排，为同学们的入队仪式提出更多、更有价值的建议。

2015年12月23日下午2点，南瑞实验学校全体准备入队的一年级学生集合在二楼的多媒体教室里，由陈曦向他们讲解少先队入队知识。首先，陈曦带领学生们了解了少先队组织的名称与生日、队徽、大队旗、中队旗、红领巾等标志。随后，陈曦现场教学生们学唱了少先队队歌，活跃了学生们集体学习入队知识的氛围。其次，陈曦向学生们示范了行队礼、佩戴红领巾及呼号等礼仪规范，并且选取了几位代表在学生面前展示，细致指导少先队礼仪规范的每一环节。在互评互助的过程中，学生们逐渐掌握了少先队的规范礼仪。现场红领巾等实物的展示，也极大地调动了学生参与的积极性。最后，大队辅导员总结了这次入队知识教育，并对入队学生们提出了一些课下要求与注意事项，祝愿学生们在入队仪式中展现出自己最美好的形象。

入队知识教育结束后，由杨静老师、陈曦和我就今天的入队知识教育情况进行了交流与反馈，并且讨论了下次入队仪式排演的具体活动程序，针对其中活动内容的调整与重新排序提出了一些意见，希望最终呈现出一场教育性与生动性并存的入队仪式。

2015年12月29日是一个令人难忘的日子！南瑞实验学校一年级全体师生在学校的4号楼2楼汇报厅举行了庄严而又隆重的少先队入队仪式。我们有幸邀请到安徽师范大学教育科学学院的辛治洋教授，弋江区少先总队辅导员李海荣以及弋江区少先队活动课例教研组的相关成员亲临本次活动。

仪式正式开始了，伴随着雄壮、高昂的旋律，同学们高唱中国少年先锋队队歌。嘹亮的歌声表达了同学们对少先队组织的热爱。大队辅导员杨静老师宣读了新队员入队名单，并对新队员入队表示热烈祝贺。六年级的老队员为新队员佩戴了红领巾，孩子们互相庄重地敬了队礼。在大队辅导员老师的带领下，新队员在队旗下庄严宣誓，洪亮、整齐的声音响彻了整个会场。接着，新老队员代表和家长代表做了精彩的发言，大队长授予一年级各中队中队旗，新队员郑重地举起右拳在鲜艳的队旗下庄严宣誓……整个入队仪式规范而且隆重，洋溢着浓浓的温暖之情，孩子们无比幸福和自豪的眼神告诉我们，他们定会在星星火炬的指引下，牢记党的教诲，全面发展，茁壮成长。

会后，辛治洋教授和李海荣科长对本次队会的成功开展表示祝贺，他们说，“今天的仪式非常成功，无论是仪式部分，还是表演部分，作为一年级的小朋友都表现得落落大方！”“有了这些‘精灵’的成长，老师们的付出就值得！希望入队仪式成为弋江区各学校的规定流程，让少先队员对少先队组织有更深的认同感！”

通过这次入队仪式，增强了每个少先队员的自豪感，坚定了他们立志学习的信念，同时也展现了南瑞实验学校全体师生团结一致、积极向上的精神风貌！我们有理由相信，南瑞实验学校的明天会更加灿烂辉煌！这次入队仪式的成功举办，归结为领导的重视，老师们积极的配合，高校与学校工作的成功对接，教研组活动的切实开展，当然，也包括站长的高瞻远瞩、创造性地结合学校活动进行教研活动。

三、过去、当下与未来

过去是艰难而又坎坷的，但又是多姿多彩的。在以后的工作中，我们要注意以下问题。

1. 处理好内部关系，前提是处理好“人”的问题。工作中，要想得到大家的支持，必须建立和谐的组员关系。尤其是我们和大队辅导员的关系，更多是合作关系。

2. 以点带面辐射全体。以本工作站6名组员为辐射点，向全体中队辅导员展现教研组风采。这期间，通过开展各类活动，以积极的态度向各中队辅导员介绍自己的工作成绩，以此来激励更多的老师从事少先队教研工作。

3. 借助外在力量辅助工作。在开展教研工作的过程中，有关“仪式感染”的理论研究还不够深入，由安徽师范大学的研究生陈曦加入本组，将理论与实践相结合，更好地完成了教研任务。

4. 得到校领导的支持和认可。少先队教研组是弋江区花大力气打造的特色教研组。我作为学校德育工作的负责人，要对此予以支持并协调好工作，肯定教研工作成效，承认教研组老师的辛勤付出。

5. 实行奖励机制。为使工作更好地开展，奖励机制是必不可少的。弋江区教育局已经安排“少先队活动”学科工作站专项经费，我们将其与组员们的教研次数、教研成果等挂钩，保证组员“劳有所获”“劳有所依”。

当下，我们正勤勤恳恳、踏踏实实地行动着、实践着。未来是未知的，我想，未来的教研工作的开展仍然需要上述条件的共同作用，才能事半功倍！

用鲜艳的红领巾铸造美丽心灵

周 敏

美丽的校园里，祖国未来的小主人们沐浴着党的阳光，在鲜艳的红领巾引领下，意气风发，快乐生活，茁壮成长，一张张灿烂的笑脸，为学校展现着最鲜活、亮丽的风景。在这里，一群少先队辅导员、少先队工作者，始终抓牢少先队根本任务，辛勤耕耘、奉献智慧、积极探索，以一次次富有创意的活动，为队员编织着最幸福、最美丽的童年。

我，一位“80后”，非常荣幸地在2006年走上了学校大队辅导员的岗位，一干就是10多个年头。每当有人问起我，大队辅导员的职责是什么？我会毫不犹豫地回答：我们的职责就是把培育社会主义国家的合格建设者和接班人这一项意义重大而深远的事业，通过我，一个大队辅导员的智慧，把它们化成一个个鲜活有趣的活动，让这项事业变成一件件孩子们听起来感兴趣、做起来有意思的事情。

说起少先队辅导员，这个职务说大不大，说小也不小，不是什么大领导，却要负责管理学校最大的学生组织——少先队。因此，在学校的每一位老师、学生都与我这个大队辅导员有着千丝万缕的联系。我不仅要教会孩子们基本的生活技能，更重要的是引领他们的精神世界。少先队辅导员的工作非常琐碎，孩子们的世界里并没有什么惊天动地的大事发生，但每一件小事对他们的影响都不小，辅导员都不能随意处理、简单敷衍，所有的事都必须认真落实。因此，在我的工作里，都是“小”孩子们的“小”事情，没有伟大的科研成果和巨大的成就感，但就是这些小事情，却给我带来了诸多挑战。

在每年3月开展的学雷锋活动月中，孩子们只知道要学雷锋，却不知为什么要学雷锋。不管时代如何变迁，雷锋精神的内涵——爱与奉献，依然是我们时代的主旋律。在这个信息多元化的时代，孩子们更需要互助意识与奉献精神，让他们学雷锋，就要让传统精神与时代要求紧密结合，在充满生活气息的活动中使雷锋精神和学雷锋活动都具有鲜活的生命力和时代感。让孩子们乐于接受，喜爱参与！

2015年4月的“爱在延安，与你同行”活动，我校携手安徽师范大学历史与社会学院将在图书节好书义卖活动中筹集到的6604.5元善款，捐赠给了延安小学12名品学兼优、生活贫困的学生和大别山深处岳西县方边希望小学的学生，帮助他们更好地学习、生活。那一本本带着孩子们余温的图书在彼此手里传递着，与图书同时传递的是孩子们对他人的关爱，对他人的奉献，暖暖情意在传递中涌动，颗颗爱心在传递中凝结。通过本次爱心助学活动，让我校一批品学兼优但生活困窘的同学感受到了身边同伴的温暖与关爱；唤起了全校同学的爱心，孩子们积极参与爱心助学活动，增强了同学们的社会责任感；让同学们明白了“赠人玫瑰，手有余香”。

为了进一步帮助同学们理解“雷锋精神”，我们开展了“亲，你今天学雷锋了吗？”主题队会。孩子们在主题队会中，知道了自己就是雷锋，当你在学习上遇到困难，我会帮你解惑答疑；当你不小心摔跤了，我会将你扶起；当你遇到困难，我会伸出援助之手；当你下雨时忘了带伞，我会与你分享伞下的晴天……在和“雷锋”的“约会”中，孩子们读懂了雷锋就是爱、雷锋就是奉献；在和“雷锋”的“约会”中，孩子们学会了感恩父母，敬爱老师，关爱他人；在和“雷锋”的“约会”中，孩子们把自己变成了“活雷锋”。

古人云：“亲其师，信其道。”我也和孩子们一起践行着爱与奉献。我时刻提醒着自己：绽放微笑，让他们靠近我；宽容以待，让他们接受我；公正公平，让他们佩服我；以身作则，让他们尊重我。在爱与奉献的同时，我也收获了很多。还记得2015年元旦前，我和孩子们在留言簿上写上自己的新年愿望。当我看到那稚嫩的字，如“我祝周老师长生不老”时，我控制不住了，幸福的泪水溢满眼眶，那一刻我深深地沉浸在爱与被爱的幸福之中。是啊，少先队员的成长离不开少先队辅导员的爱，少先队辅导员的爱如轻轻微风，能助少先队员们如雏鹰般展翅高飞。

大队辅导员担负着塑造少年儿童灵魂的重任，被家庭和社会寄托着厚望，承载着美好而光明的梦想。在这阳光般耀眼的岗位上，身为一名少先队辅导员，我自豪；献身少先队辅导员工作，我无怨无悔。只有把这项有意义的事做好，才能润物无声，滋养生命；只有将有意义的事做好，才能真正领悟少先队活动的真谛；只有我们把有意义的事做好，才能用鲜艳的红领巾铸造美丽心灵，让我们的队旗永远灿烂、辉煌！

选择与坚持

刘雯雯

2015年的春天，是我当班主任的第12个年头。在这个特殊的年份里，我承担了学校安排给我的一项新任务：担任所在中队的少先队辅导员，同时进行少先队活动课例编写。说实话，当初的我十分犹豫，原因有四。

一是给我们少先队每周活动课编写课例，这不像我们之前参加的任何比赛，它没有现成的案例，没有经讨论确定下来的模式，它需要编写者亲自设计少先队活动蓝图。

二是我们学校参与此项活动的人数不多，每人承担的任务量很大。其中不少参与者在参与初期，感觉此项任务比较繁重，从而提前退出。

三是30多岁的我，在校带一个一年级新班级，班级内的孩子小，事事需要我操心。同时，我又担任两个班共计120人的数学老师，每天需要批改的作业堆积如山，需要我花费大量时间批改和教导刚进学校的孩子如何去订正。此外，我还是一个即将上小学的孩子的妈妈，每天拖着疲惫的身躯回到家，看到自己的孩子那期盼妈妈关心的眼神，我又得全心陪伴自己的孩子。

四是编写少先队活动课例需要规划，实践是检验少先队活动方案是否可行的唯一方法。在之前没有规范开展少先队活动的班级，如何开展少先队工作是辅导员需要思考的问题。

编写少先队活动课例的过程，让我体会到了什么是“痛并快乐着”。因为我们在编写时没有资料可以借鉴，没有案例可以仿制，有的只是我们绞尽脑汁苦苦写出的一些干巴巴的文字。曾有多次，我把孩子送入梦乡后，焦躁地敲击着电脑键盘，心里默默想着：“我不想写了，我要和那些提前放弃的同事一样。”但是，我又想，既然选择了承担，就不能轻易地当逃兵。渐渐地，当看到自己写的文章有了立意，我的心里也有了成就感。最终，我们的书出版了，我的心里有说不出的开心，或许这就是工作带给我的幸福吧！

我在实践中发现，少先队辅导员的德育工作的确是一门学问，要“抓两头放中间”，这样的方法很容易出成果。我们抓住好的学生做好宣传，树立榜样，对后进生则要随时留意、悉心辅导，暂时放一放中等的学生。为什么有的老师早出晚归，非常辛苦，但成绩却不如意？而有的老师工作轻轻松松，却事半功倍？这样的老师“巧”就“巧”在他们善于利用、培养干部，是管好一个人难还是管好几十人难呢？大家的心里都很清楚。在工作的过程中，我总结了这样几种方法。

一是理智调整法。“以理制情”是调节自我不良情绪的关键，要求自己端正思想，正确对待自我，进行自我告诫。

二是知识武装法。高尔基说：“人的知识愈广，人的本身也愈臻完善。”“没有任何力量比知识更强大，用知识武装起来的人是不可战胜的。”通过学习，运用有关情绪控制方法的知识，主动进行自我调节。

三是升华疏导法。把别人的非议变为动力，自我激励、增强信心、改善工作、做出成绩，使内心情感得到升华。

四是发泄疏导法。如果心中有了不平之事，或是理智地向好友或亲人倾诉，并冷静地听取他人的劝告与批评；或是干脆把自己关在屋内痛哭一场，将不良情绪发泄出来。通过这些发泄行为，使自己的感情充分表露，并从外界得到反馈，可增进自我认识水平并改变不适当的行为。

五是转移疏导法。当余怒未息或忧愁未解时，为了使自己能够冷静地分析和克服问题，可以有意识地转移话题或做些别的事情来分散注意力，如看电视、听音乐、下棋、打球或进行肌力均衡运动等正当而有意义的活动。

六是特殊疏导法。当情绪冲动时，如果采用一些特殊的方法，如数数、咬舌头、在心里哼一首好听的歌，使紧张情绪得到缓解。

七是自我暗示法。此法也可以起到控制不良情绪的作用。心里反复暗示自己：“沉住气，别紧张，没关系！”这样就会平复紧张的情绪，能很好地遏制冲动的感情。

少先队辅导员的言传身教，是一种“美意”的行动，是一种潜移默化的行动。是的，少先队辅导员不容易做，但是只要我们用心去做，我想所有的问题都会迎刃而解。

做一名心中有爱的中队辅导员

段姗姗

著名教育家苏霍姆林斯基曾经说过："一个好教师意味着什么？首先意味着他是这样的人：他热爱孩子，感到跟孩子交往是一种乐趣，相信每个孩子都能成为一个好人，善于跟他们交朋友，关心孩子的快乐与悲伤，了解孩子的心灵，时刻都不忘记自己也曾是个孩子。"这不正是无数少先队辅导员内心的真实写照吗？而我就是这个队伍中的一员。刚刚担任中队辅导员的时候，我给自己的定位便是"课上是辅导员，课下是孩子们的好朋友"。回顾我的中队辅导员工作，我为我的每一点进步而高兴，为自己能更好地服务于队员而骄傲。

"捧着一颗心来，不带半根草去"，这是陶行知先生的誓言，也是我们做好少先队辅导员最重要、最基本的一个条件。

少先队员的世界观尚未形成，可塑性较强，少先队辅导员应像慈母一样，用爱去感召他们，真心地与他们交朋友。一句表扬，一个微笑，一个信任的眼神，一个亲切的动作，对少先队员来说都是激励。我觉得作为中队辅导员，在工作中一定要有爱心，无论采用什么方式，都要让队员感觉到你是爱他的。通过这些年担任中队辅导员的经历和体验，我感到要想搞好中队建设，作为中队辅导员心中一定要有爱，具体来说，就是要时时处处从爱护队员的角度出发去开展工作。

一、心中有爱，注重身教，适当宽容

孔子曰："其身正，不令而行；其身不正，虽令不从。"我们在和队员接触的过程中，一言一行都对队员起着潜移默化的影响。因此，我很注意提高自身修养，处处以身作则，要求学生做到的，自己一定先要做到。比如，我要求队员不乱丢果皮纸屑，那么我只要见到纸屑就随手捡起，并带领中队委员做好值日工作。值日生每日一换，但我自己却是永远的值日生，用我自己认真、严谨的工作作风潜移默化地影响着这群可爱的孩子。

也许，正是因为我一心想教育好队员，所以在开始的时候，我对队员犯下的错丝毫不能容忍，直到我看到了下面这个故事才有所调整。前任联合国秘书长安南小时候的一位老师曾拿出一张白纸，白纸的右下方有颗明显的小黑点，他问学生："你们看到了什么？"大家都说："小黑点。""不，不是这样！"老师意味深长地说，"这首先是一张白纸！"是呀，有时我们的眼睛对事物的观察会有失公允，对于天真、烂漫的孩子也是如此。我作为队员的知心人，是不是应该宽容一些，适当包容他们的错误呢？我们中队里有一位队员早上常常迟到，因而总是单独一人到办公室来补交作业。一开始，我只是提醒他注意改正，可后来他接二连三地迟到，我生气了。这天早上，他又红着脸、低着头，畏畏缩缩地递上了作业本，我正准备大声斥责他的时候，忽然看见了他眼中闪动的泪花。我转念一想，难道除了批评、指责，就没有别的方法来教育他了吗？不，不能这样！我看他低垂着头，羞红着脸，他知道自己错了。于是我面带微笑地说："从你的表现来看，你一定已经知道迟到是不对的，但还是鼓足勇气来交作业，说明你很想弥补自己的过错。我也不想责怪你，希望你以实际行动来证明自己的决心。"从那以后，这名队员果然没有再迟到过，而且进步明显，和我也特别亲近，他常在下课时和我聊天。由此，我真正理解了教育的含义。当我不只是关心、爱护队员的学习和生活，而是更多地从他们的角度出发，理解他们、宽容他们时，才能深入走进他们的内心世界，赢得他们的尊重、喜爱，使他们乐于接受我的教育，自觉提高认识，形成良好的品质。

二、用爱感召，注意方法，有教无类

作为中队辅导员，我对自己的队员倾注了无限的热情和关爱，尊重他们并以诚相待。我在工作中深入了解队员，关心队员的思想和心理变化，处处为队员着想，时间一长，自然成了队员的知心朋友。

记得有这样一则寓言故事：一位穿大衣的人在路上行走，北风和南风比武，看谁能把那人的衣服脱掉。北风先施威严，猛刮猛吹，行人为了抵御北风的侵袭，反而将大衣越裹越紧。这时，南风徐徐吹动，顿时风和日丽，行人越走越热，便脱掉了大衣。北风尽管威猛，但事与愿违；南风徐徐吹来，却如愿以偿。这不由得让我想起了一句话："一个受孩子衷心爱戴的老师，一定是富有人情味的人……"我不时地回味着这句话，如果我在教育队员时，多一丝冷静，少一丝急躁；多一些思考，少一些冲动；多一点人情味，少一点威严；多一份爱心，少一些冷漠……用自己的爱心去感召他们的心灵，我就会像那"南风"一样，队员也会真诚地接受并喜欢我的。

我们中队有一名队员非常喜欢打闹，经常有其他队员哭着来找我告状。每次听到这些，我就火冒三丈，再看他那一脸的不服气，我更是气急败坏，暴风雨般地指责他，但他却不屑一顾。细细思考之后，我告诉自己：先冷静下来。于是，我先批评了和他打闹的队员，然后对他说："听说你在'小饭桌'表现可好了，吃完饭还帮助老师干活。"听到我说的这些，他的表情缓和了，脸上有了丝丝的笑容。之后，我让他说出了打闹的危害，他自己也是深表悔意，我也达到了教育的目的。

从那以后，我就学习"南风"，对表现不好的队员进行随机的鼓励教育，效果比一味批评好了很多。

三、抓住契机，开展爱心教育活动

作为中队辅导员，我深深体会到：活动是少先队的生命，带领队员开展丰富多彩、有教育意义的活动是中队辅导员的天职。除了根据大队部的工作安排，带领队员开展少先队活动之外，我还自主策划了一些关于"爱的教育"的中队活动。

3月，队员们积极响应"学习雷锋"的号召，开展争做"环保小雷锋"的系列活动。5月，母亲节来临之际，我鼓励队员回家帮母亲做力所能及的事，晚上为母亲洗脚，献上手工制作品表示对母亲的感谢。重阳节，我倡议队员陪家中的爷爷、奶奶、外公、外婆登高游览，共庆佳节。感恩节，我组织队员开展"感恩的心"主题演讲，让他们也能成为心中有爱的人……队员在活动中不仅锻炼了自己的能力，而且深深体会到了爱的意义。看到他们在这些快乐的实践活动中学会了如何爱别人，作为辅导员的我即使再苦再累，心里也觉得特别满足。

中队辅导员对于队员的关爱就像春风吹拂面庞，像雨露滋润心田，像阳光温暖生活，爱心能唤起少先队员心灵深处的缕缕真情。我一直认为对待队员要以心灵浇灌心灵，以尊重赢得尊重，这样才是具有人格魅力的教育。作为一名普通的中队辅导员，我将继续孜孜不倦、脚踏实地地在平凡的岗位上播撒汗水和爱心，在这个平凡但崇高的岗位上继续奉献，用火一样的热情点燃星星火炬的事业。

没有难做的事，只有不做的人

俞萍

我刚成为一名老师不久，在还不太了解少先队的情况下，就接到了少先队活动课例编写的任务。谈起少先队活动课例的编写，我要引用一位专家说过的话：“没有困难的工作，只有害怕困难，不敢、不愿、不去工作的人。”

我刚从中学来到小学工作，还没来得及适应陌生的环境，就接到校领导分配的工作——编写少先队活动课例。我从没接触过“少先队”，根本就不知道这是一项怎样的工作。“辅导员”“大队”“中队”对我而言都是陌生的概念。编书更不是一件简单的事，要求原创，杜绝抄袭、下载。加上工作任务多、时间紧，我一度陷入苦恼和慌乱之中。在不得已的情况下，我只有白天认真工作，晚上绞尽脑汁地编课例。我以前从来没有工作到深夜的经历，自从接了编课例的任务，经常坐到电脑前不知不觉就到了深夜。我好不容易写出了初稿，准备松一口气了，可是没过一天，初稿被打下来了，整篇都是红红的批注。我感叹过辛教授为什么改这么快，不给我喘息的机会；我也埋怨过干吗让我一个门外汉编这么专业的东西，这不是为难人嘛！让我印象最深的一次是，辛教授把我们集中起来指导，我等了一上午，辛教授却用了几秒钟的时间指导完毕。他说：“你这个课例换成掰手腕的活动会更好。”好一句“会更好”的话，我的课例竟要从头到尾改动。这说明我之前吃的那些苦，花的那些时间都是徒劳无功的，我必须从头再来！经过再次修改，我的稿子通过了。我还没来得及高兴，新的任务又来了，要找人试教、要制作课件。对我来说，制作课件的任务简直让我崩溃！直到我们如期完成了任务，我才如释重负。此次少先队活动课例的编写，让我明白只要敢做、愿意去做，就没有完不成的任务。

在少先队活动课例成功编写后，我们在暑期开展了少先队培训活动。在培训的过程中，我了解到我的同仁都是和我一样排除万难，最后出色地完成了任务；我目睹了我们的少先队辅导员们平时是怎样组织、安排活动的。这些都对即将从事少先队辅导员工作的我来说，有着重要的启发意义。

谈起我的中队辅导员工作，那也是生疏而又困难的，甚至是苦恼的。这种苦恼不是怕吃苦，更多的是怕自己不能胜任这项工作。除了我自身没有经验外，这个中队的情况比较复杂：队员之间的差距大；家长不重视队员的教育，家长和老师之间不沟通、有矛盾；等等。幸运的是，我得到了同事的帮助。他对班级情况比较了解，又有着多年的少先队辅导员工作经验。有了他的指导，加上我的坚持和努力，我逐渐由之前的遇事紧张、埋怨、生气到现在能坦然面对各种事件。

我们这个中队学生不多，但不爱学习、调皮捣蛋的学生占了三分之一。刚开始我同一般任课教师一样，只是看到他们的成绩，就对学生发怒、指责、埋怨。偶然的一次机会，我看到这样一句话；“我们看待学生不管表面怎样，但心里一定要‘不见恶，唯见苦’。”这句话让我这个“年轻的少先队辅导员”顿悟：有些学生表现确实不好，但是你想想，难道他得到了很好的家庭教育？难道他拥有很温馨、和谐的家庭环境？于是，我就多方打听，结果令人心酸：我们班凡是表现不好的学生，其家庭环境或是家庭教育方式都存在很大的问题。有的孩子长期无法和家人团聚，体会不到家庭的温暖。想到这，我之前的指责与埋怨就消失了，有的只是心疼与怜爱。我开始去关注这些孩子学习以外的生活，经常找他们谈心，了解他们的想法。渐渐地，这些孩子也向我敞开了心扉，有什么烦恼也愿意向我倾诉了，我们成了无话不说的朋友。他们也开始在学习态度上发生改变，上课认真听讲，也不随意地捣乱了。

作为一名中队辅导员，不仅要做好自己的本职工作，不怕苦、不怕难，而且要在教育学生时做到爱自己的学生像爱自己的孩子一样，关心、爱护他们，这样才能感受到作为一名中队辅导员的意义和价值。只有努力把每一项工作、每一件小事都做到极致，把工作当享受，育人当享受，尽责当享受，才能做好我们的少先队工作。编写少先队活动课例也好，教育孩子也罢，只要有恒心、有毅力，不怕困难，定能乘风破浪，直济沧海！

论对中队干部的培养

吕九华

当今的教育改革日新月异，这些变化对当前小学教育提出了更高的要求。而作为小学教育的重要环节之一——少先队教育，也面临着适应社会和教育发展需要的问题。我认为，少先队中队辅导员的工作要求其不仅要精通一定的专业知识，还要懂得教育心理学、管理学、儿童心理学等知识，更要在不断的实践中摸索出少先队工作具体的、生动的、各种行之有效的经验来。在我们学校，班主任就是中队辅导员。所以，我从1997年参加工作以来就一直身兼两职。俗话说：一个篱笆三个桩，一个好汉三个帮。一个中队辅导员要想管理好一个中队，必须要培养、锻炼一批优秀中队干部来协助工作，这样工作起来既轻松又有效。

在培养、选拔少先队干部的工作中，我一贯主张“发展优势”，反对“成绩不好的学生不准当干部”。班级干部有三个层次。第一是“核心力量”——中队长和副中队长，他们是少先队辅导员的得力助手，是全队的带头人。第二是“中层干部”——委员，他们各司其职，职责分明，是中队各项制度落实的执行者。第三是“基层干部”——小队长，他们负责日常的活动，有特长的少先队员就可以自告奋勇担任某项工作的临时指挥员，让他们在集体中充分显示自己的才能与智慧。但在实际操作过程中总会遇到很多困难，会发生让你想不到的事情。

2015年，我担任一年级班主任兼中队辅导员。一开始，我耐心地指导中队长第一次组织早读，第一次收作业本，第一次发作业本，第一次带领学生清洁扫除……经过一个多月的细致指导，孩子们在边学边练的过程中，已经开始有模有样地当起了小干部。如第一次让朱芳艳组织早读，我首先让她早上要比别的小朋友早一点到校；教她怎样组织小朋友读课文、复习生字等；教她怎样表扬早读认真的同学，怎样提醒、批评不遵守纪律的同学。早读结束后，我在班里进行了小结，肯定了她的组织能力，增强了她的自信心。然后，我又单独找她谈话，针对早读课上存在的问题，我和她一起讨论具体的处理办法。这样，她的课前早读组织得越来越得心应手了。可一段时间后，朱芳艳就委屈地对我说：“老师，我不想当中队长了。”我问她为什么，她说：“因为班里那些违反纪律的同学，我一去管他们，他们就说我多管闲事，我如果不去管她们，老师就会批评我，我不想当了。”我想，我当了十几年的中队辅导员兼班主任，还没有出现过这种情况。中队长可是中队辅导员的小助手，他们的好坏直接影响整个中队啊！我想，这个问题值得我们去分析和思考，于是我从以下几个方面帮助她。

第一，引导她建立和谐的同学关系。队干部既要接收中队辅导员的领导，又要接受同学的监督，因此常常处于各种矛盾的交叉点上。队干部与同学的关系是否融洽，将直接影响到队干部职能的正常发挥。于是，我引导朱芳艳：“作为中队长，很多时候要起到带头的作用，所以要严格要求自己。除此之外，在和同学交流的时候，还得注意自己的言行，因为你对其他同学来说除了是中队长，还是他们的同学和朋友，所以你要注意处理好这方面的关系。而且作为中队长，还得关心同学，愿意为大家服务，要时时想到我是为大家服务的，不能有优越感，不能滥用手中的权力，如果有一些你处理不好的问题，也可以来找老师。你是个聪明的孩子，一定要让同学由衷地信服你，以此来不断提高自己的威信。”

第二，传授合适、恰当的工作方法给她。学生毕竟是学生，经验相对不足，作为中队辅导员要结合具体工作过程，通过分析实例，总结经验、教训，向他们传授一些基本的工作方法。我帮助朱芳艳梳理了一下工作中的问题，然后根据具体的问题提出了一些建议和工作方法，她听后恍然大悟，知道有些事情原来还可以这样处理。这样，她就对一些她无法解决的问题有了一些新的解决办法。

第三，在实践中培养她的工作能力。中队辅导员要充分信任中队干部，敢于放手，大胆使用，把他们推到工作一线去，给她们提供施展才华的机会。如中队会，让中队长独立主持；中队日常活动的安排和中队日志的填写、编撰中队月刊等活动都由中队长独立组织队员完成。培养他们自治、自理、自立的能力，发挥他们在中队管理中的主体作用，中队辅导员只起点拨和指导的作用。通过这些活动的组织和开展，中队长朱芳艳在同学们的心中有了威信，同学们都敬佩她，就连我们办公室的同事都称赞我们班的中队长很能干。

当然，低年级的中队干部毕竟年龄小，在日常工作中，尤其是刚开始的工作中难免出现一些不尽如人意的情况，这时中队辅导员千万不能对中队干部大加批评，一定要及时耐心地给予指导。而且，我会定期召开中队干部例会，总结他们的工作，指出他们工作中的不足之处。最后，还会积极鼓励中队干部，对他们的学习、工作和生活更关心，更爱护，从而激发他们把工作做得更好。

我会行队礼了

侯　迎

每周一升旗仪式时，孩子们行队礼总是不规范，有的像在敬军礼，有的手掌是朝着天的。我在班级屡次纠正，可他们总是记不住。我想，这也许是因为他们不明白队礼的含义。于是，我向他们介绍少先队和队礼的含义。当我告诉他们少先队敬礼是右手五指并紧，高举过头，表示人民的利益高于一切。孩子们却问我："老师，为什么人民的利益高于一切？比自己的还要高吗？"我这才意识到随着革命年代的渐渐远去，孩子们对那段历史没有任何感受，他们不明白为什么"红领巾是国旗的一角，是用烈士的鲜血染成的"。因此，即使他们戴上了红领巾，也不能理解它背后的深刻含义，因而才会出现队员到了校门口为了应付检查才戴上红领巾的情况，才会出现屡次纠正可还是不能规范敬礼的现象。

孩子们不能好好行礼，源于他们对少先队没有归属感，没有理解少先队的深刻含义。基础没有打牢，给他们灌输再多的东西也没用。因此，我利用中队会介绍革命的历史，让队员了解艰难的革命历程。首先，我利用视频、图片、讲故事等多种方式，让学生直观地感受先辈们的光荣事迹和爱国精神。其次，在了解历史的基础上，再介绍少先队的由来和少年儿童组织在革命战争时期做出的贡献，提升他们的荣誉感。最后，再讲授少先队队旗、队徽、队礼的相关知识，并且以身示范队礼，逐个纠正动作，让动作标准的同学帮助其他同学。我除了在活动课上纠正动作，还在升旗仪式上及时纠正。经过一系列队会活动的开展，孩子们的队礼标准了很多。但是每隔一段时间，他们的"小毛病"还是会出现，需要我去提醒，这让我陷入了沉思。

我用了将近一个星期的时间去思考解决方案，最终我决定在我们中队设立"礼仪小管家"岗位。"礼仪小管家"负责记录队员每天佩戴红领巾的情况，及时帮助行队礼不标准的同学。由我这个少先队辅导员挑选行队礼标准、行为规范的队员来担任"礼仪小管家"，每个同学都有机会。"礼仪小管家"在任职期间同时注意观察队员的进步情况，提名其他队员担任"礼仪小管家"。以点带面，逐步规范全体队员的队礼，并保证时时有人提醒，实现队员的自我监督、自我管理。这个方案实施之后，收到了很好的效果。

现在的孩子们甜蜜地生活着，很少会体会到革命战争年代生活的艰辛，自然没有认同感。几节队会课不能解决这些问题，它需要我们将少先队教育渗透到学校的每个教育环节之中。此外，不能只是生硬地讲道理，我们要将少先队教育理念设计在有趣的活动中，在与孩子们平时的沟通中，潜移默化地感染孩子。我们更应规范少先队的所有细节。仪式感不能只存在于一个班级、一所学校中，应形成统一的规范，让队员意识到我们是统一的组织，我们组织的语言是通用的，不管你来自何地，我们都有一个共同的名字——少先队员。

为什么不是少先队员就不能行队礼

桂万蓉

在轻松、愉快的歌声中，我迎来了103班的小朋友们。作为一年级的语文老师及中队辅导员，我深感任务繁重，要不断学习理论知识，丰富自己。

对于一年级的小朋友来说，我更在意的是帮助他们养成良好习惯，培养他们的安全意识。学校每次布置的任务，我都会按部就班地完成。我会跟小朋友说，在学校注意安全，上课要培养听、说、读、写的习惯。但在少先队工作方面，我开展的活动不多，我觉得这是我的工作失误。这次去培训，听了很多大队辅导员的演讲，我深感作为一名中队辅导员还要学习很多，很高兴学校给予我这样的平台。

星期一升国旗时，要求少先队员行队礼。因为同学们那时都不是少先队员，所以我在升旗仪式之前让他们不要行队礼。我们班的汪同学问我："为什么不能行队礼?"我回答说："因为你们不是少先队员。"我想，何不借着这次机会，在同学们中间开展关于少先队的介绍？于是，我借用了培训老师的课件，给同学们上了一堂生动、活泼的少先队课程。我讲解了红领巾的由来，给他们看了视频，让他们感受少先队活动的光荣和使命感。我觉得这节课的效果挺好的，小朋友现在已经知道自己目前不是一名少先队员，他们暂且不能佩戴红领巾，也不能行队礼，但是这也引出了一段"小插曲"。

一天早上，我们班的一个女同学跑到办公室大声地喊着我，一边哭一边说："小汪同学打我。"我耐心地问："他为什么打你?""他说我不是少先队员，不能戴红领巾。"我把小汪同学喊到办公室来，问他怎么回事。小汪同学很委屈地说："老师，不是您说的吗？我们不是少先队员，不能戴红领巾。我让她把红领巾摘了，她没摘，我就推了她，没有打她。"我问这位女同学："你的红领巾是从哪儿来的?"小女孩小声地说是她姐姐给她的，她特别想带。这时，她也问了我同样的问题：为什么不是少先队员就不能戴红领巾？我想她应该还没有理解佩戴红领巾的意义，只是觉得佩戴红领巾很光荣，这说明我当时上的少先队活动课让她理解了佩戴红领巾是一件很光荣的事情，但是却没有理解红领巾是少先队员才能佩戴的。于是我摸摸她的头说："他推你肯定是他不对，但是你要知道，红领巾只有等你成为一名光荣的少先队员才能佩戴。等以后你成了一名少先队员，老师会亲自给你戴上的，好吗？"小女孩这才停止哭泣。

作为一名一年级的中队辅导员，我一直告诉孩子们，你们现在不是少先队员，不能佩戴红领巾。我这样做对吗？上次我们学校开展弋江区幼小衔接的语文课，我觉得收获挺大的。我们可以借鉴这种方式开展非少先队员和少先队员的衔接吗？我觉得有必要尝试。我知道，要想成为一名优秀的中队辅导员，要走的道路还很长很长，需要我不断地学习，探索出自己的工作方法。

红领巾的尴尬

史海星

我自从8月底来到利民路小学，站在204班的讲台上已经有两个月了。在和孩子们朝夕相处的两个月里，始终有一个问题困扰着我：为什么孩子们不爱戴红领巾呢？

事例一：星期一的早晨，全校学生在操场上举行升国旗仪式。在等待国旗缓缓升起的时候，我发现队伍中竟然有好些同学没有佩戴红领巾。仪式结束后，我把他们留下来，有些生气地问："周一升国旗为什么不佩戴红领巾？"小潘同学摸摸头，不好意思地说："老师，我忘记了！"小奚同学在后面举着手说："老师，我的在口袋里呢！"说完，还怕我不相信似的，急忙从口袋里抽出一条红领巾来。其他同学看到了，纷纷朝我嚷嚷："老师，我的在教室里。""老师，我的在书包里。""老师，我的在抽屉里。"……听到这些，我气不打一处来，狠狠地教育了他们。

事例二：周一下午的第一节课是班队会，我像往常一样来到班上准备给孩子们上一堂队会课。谁知来到班上，竟然发现有将近一半的学生没有佩戴红领巾。这是怎么了？队会课上，队员不带红领巾，这队会课能开展下去吗？我很生气，板起脸："没戴红领巾的同学站起来！"学生们小心翼翼地站起来，小胡同学瞅瞅我的脸色，举着手，小声地问我："老师，我们早上戴了，下午也要戴吗？"小张是一位女同学，一边哭一边委屈地说："我的红领巾不见了。"望着下面一张张稚嫩又不解的脸庞，我忽然有些泄气。

这样的事情几乎每天都在上演，而"戴红领巾"成了我每天说得最多的话，可效果却一点也不好。学生总是在我提到这件事时急急忙忙戴上，而下一刻，红领巾又不知去哪了。我有心无力，只好去请教其他老师，请她们帮帮我这个新少先队辅导员。

他们告诉我，在我们成长的那个年代，能成为光荣的少年先锋队队员是我们的梦想。新时期的孩子们在动画片、电脑游戏的伴随中长大，他们衣食无忧，却缺少属于儿童的文化引领。再加上家长们普遍重视孩子们的学习成绩，孩子们整天被学习和各种特长班包围着。孩子们身边起到榜样效应的形象又少之又少，所以长此以往，孩子们怎么可能重视红领巾，佩戴红领巾？

我思考良久，最后，我给我们中队制定了如下方案：每周开一节队会课，开展丰富多彩的少先队体验活动课，播放经典革命电影给孩子们看。

有了方案，我就开始行动了。首先，在队会课上，我向队员介绍红领巾的精神和意义以及中国少年先锋队这个光荣的组织的由来，让孩子们了解红领巾，了解少先队，增强他们作为少先队员的荣誉感和归属感。其次，我充分利用学校资源开展了一些少先队的体验活动，如“感谢师恩”“十岁成长礼”“学习身边的榜样”等，队员们在活动中真切地感受到了全新的、深刻的情感教育。同时，我还发现，有些队员不知道少先队的礼仪。为此，我又从活动中回归到队会课上，来纠正队员的礼仪规范。如怎样行队礼，怎样执队旗……就这样，队会与活动结合起来，让理论得以实践，提高了孩子们对红领巾的认识，对少先队的认识。最后，我播放经典革命电影给队员看，如《小兵张嘎》《铁道游击队》《闪闪的红星》《鸡毛信》等，让队员从电影中受到积极向上的情感教育。经过一段时间的教育，我感觉有点效果了：佩戴红领巾的学生越来越多，大家也积极参与少先队活动，家长也反映孩子们在家变得有礼貌了……面对成效，我也有了干下去的动力。

就在我热情高涨的时候，班上小方同学的提问让我发蒙了。他说：“老师，升国旗的时候，上队会课的时候要戴红领巾，其他时间为什么要戴红领巾？”听了他的问题，我也不知道该怎么回答他。

我带着这个孩子的问题，又去请教了“老”少先队辅导员。她听了我的叙述，告诉我，孩子们的思想是千奇百怪的；接受孩子的意见，多和孩子交流、沟通是少先队辅导员的工作；但不能受孩子的影响，该做的工作还是要做，该教育的还是要教育！

经过“老”辅导员的开导，我明白了对于队员的教育不是一朝一夕就可以达到预期的效果的，需要我不断地发现问题，寻找解决问题的办法，直到真正地解决问题。我想我在少先队辅导员这条道上，还有很长的路要走！

我与703中队共成长

郭道齐

曾记得那一张张摆放整齐的课桌，曾记得教室里那琅琅书声和同学们的欢声笑语，曾记得那和谐温馨的校园……

金秋，收获的季节，天高云淡，丹桂飘香，我再次踏入母校。当年母校成就了我的大学梦，毕业后的我回来了，身份变了，角色也变了，但对母校的这份敬爱之心始终没变，教书育人的理想没变。儿时的梦想已成功实现，但未来的路依然很长，依然需要我不断地奋斗。

2012年，经过层层筛选，我最终成功入围，成为弋江区新义中学一名正式在编在岗的光荣的人民教师。三年一轮回，三年的时间内我担任了大队辅导员、“留守儿童之家”负责人、图书管理员、班主任。在同事的帮助下，我快速成长，不但在课堂上游刃有余，而且在德育工作方面也小有成就。在此期间，我对少先队工作有了新的认识，在学校积极开展少先队活动，全力配合、积极参加区里组织的少先队活动，这些也得到了校长和区里领导的肯定和表扬。同年，我向党组织递交了入党申请书。从刚参加工作起，我就一直以一名正式党员的要求严格要求自己。2015年，我如愿成为一名预备党员。

2015年8月底，为响应弋江区教师无校籍体制改革，持续优化教师资源配置，促进义务教育均衡发展，我从新义中学交换至安徽师范大学附属萃文中学任教。新学校，新起点，我要求自己尽快适应新环境。

一、新学校、新环境，我心依旧

工作环境的改变，难挡我热爱教育、热爱少先队事业的火热之心。2014年，弋江区实行“区域化推进少先队活动课建设”工作，成立了区级教研大组和“少先队活动”学科工作站。作为一名年轻教师，我积极参与此项活动，和全区的少先队辅导员一起努力为这项工作奉献自己的智慧。2015年年底，我们的成果问世，我的三篇课例被编入《少先队活动课例》一套书中。来到萃文中学后，我依然继续推进着这项工作——《少先队活动课例》进课表，和萃文中学的少先队辅导员们一起为弋江区少先队工作努力着，同时也继续和新义中学的同事一起推进新义中学的少先队活动。

二、创建新中队，我心向阳

刚到萃文中学，我便担任了703班班主任和703中队的辅导员。如何在新的班级、中队开展工作，校长、主任、同事都给了我很多意见和帮助。首先，我必须尽快熟悉所有班级成员和任课老师，我用了一个星期的时间来熟悉班级成员和任课老师。其次，我采用自我推荐和民主选举的方式成立了班委会。最后，在班委会的努力下，我们开始打造有萃文特色的班级文化。

三、创新活动，我们一起成长

少先队活动是学校教育活动的重要组成部分，对班级学生的发展、班集体的建设意义重大。为了使我班更有家的气氛，丰富同学们的课余生活，我们开展了形式多样的少先队活动。这一系列活动增进了师生、生生间的情感交流。大家在此过程中相互了解、相互学习、相互切磋，彼此理解和信任。我们更是积极参与学校举办的各类活动，力争为班级争光，并取得了可喜的成绩，我也从中积累了一定的工作经验。总之，我想说，班委会的积极努力和同学的广泛参与成了我们进步的力量。以下略述几例。

（一）不一样的自我介绍

大家先在纸上写上自己的名字和自己明显的特征，然后将所有纸条放入暗箱中。班长第一个抽签，然后将纸条上的“特征”读出来，大家举手抢答猜与该特征对应的同学的名字，猜对的同学有机会抽读下一个纸条，猜错的罚蛙跳5个。这个游戏让同学们轻松地记住了大家的名字和特征，还避免了有些同学上讲台自我介绍时的羞涩。

（二）培养同学们的团结意识

如果一个班像一盘散沙似的，每个人都各自为政，或者相互拆台，那么，你处在这样一个班级中会有什么感觉呢？作为一个团队，要拧成一股绳，齐心协力，相互支持，相互配合，只有这样，在任何时候遇到困难都能迎刃而解。一个优秀的班集体，必定是一个团结的班集体。为了培养大家的团结意识，我们在副班长湛琼的组织下开展了“坐板凳”游戏。同学们在体验中成长，在体验中明白要心中有他人，心中有集体。

（三）在运动中彰显风采

2015年10月20日，萃文中学第五届运动会开幕。在为期两天的比赛中，我班运动健儿团结一致，分工协作，共创佳绩。在女子4×100米接力赛中，我班取得团体第二的好成绩。在4×300米接力赛中，我班健儿突破自我，取得团体第一的好成绩。在男子4×300米接力赛中，我班取得第三的好成绩。钱铖的女子实心球成绩更是破学校记录。

（四）“庆元旦”才艺展示

元旦是中国节日之一。在辞旧迎新的舞台上，同学们尽情展示自己的才华。这次活动，不仅使大家增强了互助、合作意识，加深了彼此间的感情，而且让大家在才艺展示的过程中亲身感受到了集体生活的乐趣。这一次难忘的活动，为每一个同学的初中生活留下了一段美好的回忆，也为我们以后组织各项活动打下了良好的基础。

（五）少先队活动进课堂

我班每两周开展一次“少先队活动进课堂”。我作为中队辅导员，只是从旁协助他们，整个活动环节都由队员自己完成。我看着他们熟练地完成整个过程，由衷地替他们高兴。

2015年9月3日是我国抗日战争胜利70周年纪念日，在这特殊的日子来到之前，我们中队在9月1日安排的少先队活动是给同学们普及国防知识。通过这次活动，队员明白了祖国的统一、繁荣、富强来之不易……胜利让现在的我们有了和平、安定的生活，但我们仍应明白“勿忘国耻、振兴中华”“天下兴亡、匹夫有责”。

像这样的例子还有很多。通过“男生女生”的活动课，我班男女队员互掐的现象好转了很多。男队员学会了礼让，女队员意识到了班级本是一个集体，不应该与男队员多计较。通过“重戴红领巾”的活动课，队员意识到虽然进入了初中，但我们还没有到入团的年龄，我们仍是少先队员，利用换大号红领巾仪式，再次对他们的少先队员身份进行了强化，激发了队员在中学阶段继续为少先队组织奋斗的决心。通过“劳动实践”的活动课，加上平时的劳动技能培训及劳动评比，队员端正了劳动态度，养成了劳动意识，提高了劳动技能，也培养了他们的自觉性和独立性，改变了他们依赖性强、动手能力差的问题，让队员在劳动的过程中体会到了劳动的乐趣。可以说是少先队活动课让我们中队扬帆起航。

四、家校合作出成果，我们一起分享

众所周知，孩子的成长离不开家庭教育和学校教育，伟大的教育家苏霍姆林斯基曾说："最完备的教育模式是'学校—家庭'教育，学校和家庭是一对教育者。"家庭是学生成长的温馨港湾，家庭教育是学校教育的基础，是与学校教育互为补充的重要教育途径，只有家校联系，家校合一，才能最终促进孩子的健康成长。

开学伊始，我就反复和家长强调这一点。家长给予我大力支持，和我一同管理这个班级，为班级建设出谋划策。我班学生在多方面的关心下，通过自身不断努力取得了可喜的成绩，本年度我班共获校级以上奖项58项。学生参与活动的积极性非常高，参与面特别广，感谢家长的支持，感谢所有关心和帮助703中队成长的人。

成绩是眼前的，未来的路还很长。作为一名少先队辅导员，我要继续努力，不断加强理论学习，提高自身素质，帮助我的队员们不断进步。

第二篇

少先队活动课程叙事

由二到四到六

薛　锫

分配给我的少先队活动课例的编写篇数由最初的两篇增加到四篇，后又增加到六篇。这六篇的标题分别为《佩戴队标》《珍爱队标》《知识竞赛》《践行队风》《特色队标》和《毕业仪式》。说到写作，我不由想起了本科和硕士学习阶段毕业论文的撰写，那两段回忆毕生难忘，那既是对自己多年学习、科研的总结、沉淀和检验，也是一种痛苦的享受。少先队活动课例的编写虽然不像我的毕业论文需通过“做实验”来完成（“做实验”是因为我大学四年和硕士三年所学为化工专业），但同样让我找到了当时写论文的感觉。任务在变化，我的心态也随之变化。下面就来说说我写少先队活动课例的过程以及感受。

我一共接到编写六篇课例的任务，这实在是超出了我的能力，毕竟我刚刚踏上工作岗位，还是位初出茅庐、对少先队工作不是很熟悉的教师。起初，我只需要完成《佩戴队标》和《珍爱队标》两篇课例。此时，我在教一年级的小朋友，恰好他们也正准备要佩戴红领巾，这一点对于课例的编写有着不小的帮助，主要体现在实践经验的积累和课例的试教。于是我信心满满地开始着手写《佩戴队标》，正因为在实践中积累了写作素材，我在撰写过程中没有遇到太大的困难，很快就完成了任务。随后，我将课例的初稿交给了辛治洋教授。没过多久，我就得到了辛教授的反馈，说我需要修改课例。虽然我只写了三个修改报告，但事实上，就《佩戴队标》这一篇课例修改了六到七遍甚至更多，不过在后来的少先队活动中我发现，其他老师都是不断修改自己负责的课例，可见辛教授和领导们对编写工作的重视。我所负责的另一篇《珍爱队标》同样是在反复修改后完成的。

没过多久，我们南瑞实验学校的大队辅导员杨静老师找到我，请我完成《知识竞赛》和《践行队风》两篇课例的编写。我的第一反应是拒绝，因为我认为凭借我当时的能力，肯定是没有办法完成的。但由于我天生的“耳根子软”，在杨静老师的劝说下，也就勉强答应了。当时，我心里是这样想的：既然开始了，就一定要把工作完成，而且要有质有量地完成。在这种心态的激励下，我开始动笔编写了这两篇课例。我在编写过程中，发现这比编写《佩戴队标》和《珍爱队标》那两篇课例要容易。现在看来，要不是有一开始的那两篇课例做了铺垫，我也不至于这次这么顺手。

没过多久，柴红老师（南瑞实验学校少先队活动课例编写的负责人之一）找到我，告知我还需要完成《特色队标》和《毕业仪式》两篇课例。听到这一消息，我心想：不会吧！现在要写的四篇已经很让我头疼了，再写两篇肯定是不行的。但在柴红老师的劝说下，我再次勉为其难地答应了。既然答应了那就开始着手做吧，既来之则安之，所以我给自己制订了一个计划：在接下来的一个月里把它们完成，白天上班没有时间，那就下班以后和周末全力编写课例。说干就干，经过我的“浴血奋战”，我终于如期完成了初稿。虽然深知自己肯定逃脱不了修改课例的命运，但我还是立刻交给了辛教授。不过俗话说得好：不经历风雨，怎么见彩虹呢！不出所料，没过多久，“修改”的命令就下来了。虽然我早就做好了心理准备，但是当我收到邮件时，我泪如雨下。于是，我安慰自己：反正快到寒假了，假期有大量的时间，那就寒假再奋斗吧。

从那时起，修改课例的种子就埋在了我的心里，它慢慢发芽，越长越大。寒假期间，我认真地修改每一篇课例，经过我不断地分析、思考和揣摩，六篇课例终于全部通过了。我清楚地记得2015年的那个春节，我是在怎样一种状态下过的。

其实，南瑞实验学校负责少先队工作的每个人都承担了课例编写的重任，柴红老师和我一样也写了六篇课例，而且她把每一篇都写得很好，让人由衷地佩服。虽然我的六篇课例可能没有那么完美，但至少我坚持下来了，这对于我自己来说何尝不是一种成功呢？接下来，少先队活动课例的工作进入了一个新的阶段，要将已经成册的少先队活动课例投入实际的少先队活动中，接受实践的检验，使它变得更好。我很荣幸再次参与了这项活动，在2016年下半年展示的《升旗仪式》的观摩课上，我怀揣着对胜利的渴望，再接再厉。

我是这样增强队员自主能力的

——记一次主题队会

王海霞

阅兵仪式是国庆大典的一项重要内容，也是发挥仪式感染作用的一项重要活动，能够激发和增强队员的爱国热情和社会责任感。前不久，我校五年级开展了少先队系列活动之“仪式感染：国庆阅兵式”。我作为一名少先队辅导员，在组织活动的过程中，注重增强教育过程的自主性，让队员自己出主意，自己准备，自己搞活动，自己总结。我的目的在于使队员增强创造力，发挥创造精神，培养他们的创造性思维，增强他们的创造才干和实践能力。下面，我就如何利用少先队活动去培养学生的自主能力和实践能力，谈谈自己的一些想法和做法。

小学五年级的队员已经具备了一定的文化知识和人生体验，因此，可以让队员在活动中发挥创造力，把活动的主动权交给队员。在活动准备阶段，我召开了中队委会议，让队员自己出谋划策，集思广益，设计自己喜闻乐见的活动形式。会议上有队员提出，能否使用与阅兵式相关的名称来为各小队命名，他的这一想法得到了全体队员的赞同。于是，各小队想出了自己的队名，有的叫国强小队，有的叫国威小队，有的叫和平小队，有的叫梦想小队。还有的队员提出，队会伊始队员能否以小队为单位，模仿阅兵时各个方阵入场的情景呢？听了这个建议，队员都很兴奋，疑问也随之产生：阅兵时的情景是怎样的？方阵队是怎么进场的呢？于是，各小队号召队员自己收集有关国庆阅兵式的资料，观看有关阅兵式的视频，了解国庆阅兵式的背景、过程。那段时间，班级里可热闹了，课间总能看到三五成群的队员在练习，充分发挥了队员的主动性和积极性，个个都能投入活动中来。可见把活动的主动权交给队员，让队员自己组队、起队名、请指导老师、开展活动、记录活动情况、总结效果，能够让队员在活动中大胆表现自我，发挥各自的优势和长处，对队员个性的发展、创新意识和创新精神的培养具有重要的意义。这样的方式解放了队员们的思想、双手、活动时间和空间，使队员能不受约束地探索、思考，从而较好地培养了队员们的自主能力和实践能力。

由于在活动准备阶段，队员准备非常充分，活动实施得很顺利，也很完美。

在主题队会上，国强队播放了自己搜集的鸣礼炮和升国旗视频，介绍了阅兵仪式上鸣礼炮的规则和升国旗的象征意义。国威队以图片的形式介绍了阅兵仪式中的三大队，即徒步队、战备队和空中梯队，使队员们深刻理解了阅兵式所蕴含的意义：对外宣扬国威，威慑敌对势力；对内提升国人自信心、国家荣誉感，振奋民心。通过两个小队直观形象的介绍，队员了解了阅兵式的过程，坚定和鼓舞了队员的信念，升华了队员的爱国主义情感，队会达到了一个高潮。和平队播放的是一段音频——《放飞和平鸽的鸽哨声》，首先让队员猜猜是什么声音，接着播放了2015年阅兵仪式上放飞和平鸽的盛大场面，让队员知晓鸽子象征和平，世界和平是全世界人民共同的心愿，这一活动将队会推向了一个新的高潮。梦想队给大家带来的是爱国主义歌曲联唱和诗歌朗诵，进一步升华了队员的爱国主义情怀。可见，通过自行探究，队员的创新精神和实践能力得到了锻炼，更强化了队员的爱国主义情感。

我的放手和对队员的信任激发了队员的兴趣，而兴趣的力量是无穷的，这不，在争夺奖章环节，我们一起设置的奖章各种各样。在此次主题队会中，我们的奖章有爱国章、礼仪章、和平章，争夺奖章所采用的形式也是队员喜闻乐见的，有知识题抢答，爱国歌曲联唱，诗歌朗诵，等等。在这次队会的整个过程中，队员参与度很高，他们虽然很累，但看到自己又得了一枚奖章的时候，心里总是甜滋滋的。可见，在活动中，我采取激励机制，激发了学生的创新兴趣与行动乐趣。

本次班会结束后，队员的内心充满了自豪感，甚至还有点儿意犹未尽，于是我在班级开展了以阅兵仪式为主题的手抄报比赛。队员可以小组合作的方式，自主构思、设计，有几个队员还写出了自己观看完国庆阅兵式的感想，无不体现了队员的创新精神。同时，还开展了“爱国就从身边小事做起”的实践活动，观察父母一天的生活，让队员切身体会到作为家长的不易，培养了队员热爱劳动、尊重他人、吃苦耐劳等品质，增强了他们的社会责任感。有一位学生在他的日记里这样写道：“通过今天的观察，爸爸、妈妈可真辛苦啊！早上五点起床给我做早餐，白天顶着烈日去干活……看到他们这样劳累，我很心疼，很内疚，我一定要像他们那样不怕苦、不怕累，努力学习，长大报答爸爸、妈妈的养育之恩，报效祖国！”从这些朴素的话语中，可以看出孩子们通过亲身体验懂得了一些道理，这对于他们将来的学习、生活将是一笔巨大的财富。

实践的过程是异常艰苦的，需要百折不挠、持久不懈的努力，需要抓住目标锲而不舍的意志。因此，在对队员进行创新教育的同时，还应重视对队员创新品质的教育，培养队员脚踏实地、实事求是、百折不挠、精益求精、团结协作的品格。实践体验活动是培养队员创新精神的重要途径。作为一名普通的少先队辅导员，在活动中要以学生的发展为中心，充分调动学生的积极性，发挥学生的主体作用，鼓励其自主思考与行动。虽然孩子们的有些想法、做法稍显稚嫩，我的工作中依然存在问题和不足，但我相信，只要我们有一颗坚定的心，只要我们努力开拓，积极进取，就一定会打造一片新的天空。

在说课中体现队员的主体性

徐晶琳

2015年12月初，我报名参加了2015年芜湖市少先队辅导员说课大赛。大赛在第四项说课展示要求中提出，“说课中要体现队员自主开展活动策划、组织、实施的过程，并分享活动的感受和收获”；在第五项评价标准中提出，“在辅导员的帮助和指导下，充分体现少先队员的自主作用、创造精神和少先队集体的力量，真正让孩子做主人，放手让孩子们自己去策划、组织、实施、总结，体现以校园为基础、家庭为补充、社会为组织开展丰富多彩的实践性、体验性活动。”

从以上这两点看出，本次说课的活动案例必须做到让队员在少先队辅导员的帮助和指导下，充分体现少先队员的自主作用、创造精神和少先队集体的力量。如何在说课比赛中体现队员的主体性呢？这个问题让我犯了愁。

12月8日，我去安徽师范大学附属萃文中学参加说课比赛的试讲，弋江区教育局李海荣科长和汤广州老师特地请安徽师范大学的辛治洋教授给我进行现场指导。辛教授指出，“星星火炬杯”全国少先队活动课说课展示活动要求中明确提到，说课展示需由少先队中队辅导员和3—5名少先队员共同完成。虽然本次芜湖市说课比赛并没有提到这项要求，但是如果在本次说课比赛中加入少先队员的活动和表现，课堂会更加生动，也更能突显出少先队员的主体性。经过专家的指导和交流，我脑海中渐渐产生了新的想法，并很快调整了我的说课流程。

我的说课设计中有一项“我是自理小巧手”的自理技能比赛，队员很容易参与这一活动。比赛分为四项：穿外套、系鞋带、戴红领巾、整理书包。比赛时讲究时间、动作与效率，看谁做得快，看谁做得好。比赛后每组选出一名队员成为“自理小能手”，并颁发奖章。

我所设计活动的对象主要是一年级队员，而且我曾在白马中心学校102班试上过这节少先队活动课。因此，我请102班的少先队辅导员帮忙选择了3位少先队员，分别是陶梦琦、黄靖晗、杨佳琪。由于时间紧、任务重，我赶紧让三位队员复习上次参与“我是自理小巧手”的自理技能比赛所涉及的“穿外套”“戴红领巾”“梳头发”等活动项目，并与三位小队员的家长取得联系，确保队员参加比赛的出行安全。另外，我还特意制作了“自理小能手”的小奖章，准备在活动结束后颁发给队员。

在12月10日的说课比赛中，我用PPT展示了“学会自理”活动课的设计。我说课的题目为“学会自理”，所使用的教材是弋江区“少先队活动”学科工作站编写、出版的《少先队活动课例》。我从活动目标、活动准备、活动过程、引导要点和评价方式等五个方面来对本课做具体的阐述。

第一，说活动目标。从知识与能力，过程与方法，情感、态度与价值观三个方面来看。知识与能力目标有以下三点。一，懂得“自己的事情自己做”的基本道理。二，学习自己整理生活用品和学习用具，理解劳动对生活的意义。三，参加自理技能比赛，提高自理能力。过程与方法目标：在实践中领会劳动的意义，提高队员对劳动的认识，培养队员的自理习惯。情感、态度与价值观目标：通过“我是自理小巧手”的自理技能比赛，增强队员对自我服务劳动的热爱。

第二，说活动准备。本次活动共40分钟，其中活动环节共包括4个步骤。首先，让队员交流自己的自理能力，说一说在家怎么穿衣服、系鞋带、戴红领巾、整理书包等。其次，通过观察图片，让队员认识更多的家务劳动。再次，让队员参加“我是自理小巧手”的自理技能比赛，学会自己整理生活用品和学习用具，提高自理能力。最后，让队员小组讨论平时我们怎么养成自理的好习惯。队员准备：在家练习穿外套、系鞋带、戴红领巾、整理书包等。少先队辅导员准备：课前让队员分组，准备好红领巾、带扣子的小外套、鞋子等。

第三，说活动过程。一，整队、出旗后，活动正式开始，仪式环节用时6分钟。活动导入时，请队员说一说在家怎么穿衣服、系鞋带、戴红领巾、整理书包等。然后，出示图片，让队员观察图片，说说图片中的小朋友做了什么家务。二，重点开展“我是自理小巧手”的自理技能比赛。比赛分为三项：穿外套、系鞋带、戴红领巾。比赛时讲究时间、动作与效率，看谁做得快，看谁做得好。四人一组，小组内讨论，选出参赛队员，一名队员只能参加一项比赛。

此时，我邀请三位队员上场。首先，我要求三位队员在现场分别完成“穿外套”“戴红领巾”“梳头发”三个活动项目。当一年级小队员在场上熟练地展示自己的自理能力时，评委和其他观赛的选手都投来了赞许的目光。其中，杨佳琪的任务是展示“梳头发”这一项，当她的梳子无处安放时，其他队员还帮助她拿梳子。三位队员虽然年纪小，但都出色地完成了任务，动作迅速、干练，表现得既稳重、大方又互帮互助。在自理技能比赛结束后，我为三位队员颁发了“自理小能手”的奖章，并进行总结：队员一定要学会自己整理生活用品和学习用具，懂得自己的事情自己做的基本道理。

其次，队员小组讨论平时养成自理的习惯。先小组内讨论，小队长选出发言人，让发言人代表本组说一说组内讨论的结果，其他小组可以补充。陶梦琦发言：学会自己整理书包，把第二天上课要用的东西准备好。检查书包，每周清理一次书包，把不需要的东西清理出来。黄靖晗发言：整理课桌，离开位置时注意检查课桌，把椅子归位。

最后，少先队辅导员讲话：“祝贺你们班队会成功举行。通过这次班队会，队员懂得‘自己的事情自己做’的基本道理，获得了一定的生活自理能力。通过参加自理技能比赛，队员们学会自己整理生活用品和学习用具，理解劳动对生活的意义。队员在实践中领会了劳动的作用，提高了对劳动的认识。‘我是自理小巧手’的自理技能比赛，增强了队员对自我服务劳动的热爱。希望队员在今后的学习生活中能自己的事情自己做，自己整理生活用品和学习用具，养成自理的好习惯。”活动环节共用时30分钟。

呼号、退旗后结束本次活动。仪式环节用时4分钟。

第四，说引导要点。一年级的队员年龄小，组织能力有限，而本活动课有大量的组织活动的内容，由辅导员主持比较好。正式活动中我设计了一个让队员参加“我是自理小巧手”的自理技能比赛。我设计为课前布置队员在家练习，在活动课上进行比赛。游戏设计简单，既让队员懂得自己的事情自己做，学习自己整理生活用品和学习用具，又能提高队员自理能力，一举两得。活动课上多用比赛调动队员的注意力，活动课不会单调无味，队员也更有兴趣和热情。四人一组，每位队员都有机会参加比赛，活动参与度高，开放程度高。在比赛的评价过程中谈效率，从而提高队员的自理能力。

第五，说评价方式。本课对少先队员的评价主要有三种：一，队员自我评价和队员相互评价，“我是自理小巧手”的自理技能比赛中，队员互助合作完成；二，少先队辅导员的评价，通过颁授“自理小能手”的奖章能有效地激励队员；三，家长的评价，课前布置队员在家练习穿外套、系鞋带、戴红领巾、整理书包等，如果队员有困难，家长会及时给予帮助，同时家长也会适时地评价。活动课的最后一个环节，少先队辅导员和队员一起总结道理：自己的事情自己做。并借此机会再次提出要求：每天回家做完家庭作业之后，整理自己的书包和文具，养成自理的好习惯。如果队员按时按质完成，家长肯定会给予鼓励性评价。

当我说课结束后，评委被这种新颖的说课所吸引。在提问环节，评委车文胜老师向我提出问题，为什么会想到要三位队员加入说课比赛中？我回答道："参赛文件要求中提出说课中要体现队员自主开展活动策划、组织、实施的过程，并分享活动的感受和收获。'星星火炬杯'全国少先队活动课说课展示活动要求中也明确提到，说课展示需由少先队中队辅导员和3—5名少先队员共同完成。虽然本次芜湖市说课比赛并没有提到这项要求，但是如果在本次说课比赛中加入少先队员的活动和表现，课堂会更加生动，也更凸显出少先队员的主体性。我想在比赛中更好地体现队员的主体性，因此我邀请了我当初试教少先队活动课的三位队员加入我这次说课比赛中。"

如何在说课比赛中体现队员的主体性，是一个值得讨论的话题。我想，把少先队员引入说课比赛，在说课比赛中把队员的真实反应展示出来，放手让队员自己去组织、实施、总结，开展丰富多彩的实践性、体验性活动，是个非常不错的方法，值得借鉴。

那一天，我被调到塔影小学

朱　洁

2000年，我进入牌楼小学任教。那时的牌楼小学是滃港规模比较大的一所完全小学，在我看来当时的少先队工作就是"六一"儿童节的各种文艺表演和每个月一次的黑板报检查。2004年，滃港的几所完小和分小合并成了滃港小学，从那时起，我就一直在滃港小学工作。2012年，学校的大队辅导员由于工作调动离开了，于是大队辅导员的工作就由我来做。没想到，我一干就是5年。在这5年的时光里，我见证了少先队活动课的实施过程，见证了孩子们的成长。就在我以为很多事情已经进入正轨的时候，没想到忙碌而快乐的生活在2016年8月26日被改变了。

那天，我接到了工作调令，要求我去白马中心学校下属的分校——塔影小学任教。接到调令后，我整个人的状态只能用"迷茫"二字来形容，我的内心充满抱怨，"学校里有那么多老师，为什么偏偏要选择我？"我身边很多人安慰我，可我丝毫听不进去。我带着情绪来到了塔影小学。

走进塔影小学，学校的校园环境让我为之一振，满目葱绿，校园安静而整洁，班级内的班班通也刚刚配备了2年，各种功能室都齐全。办公室面积虽然不大，但是电脑等硬件设施配备完好。教室后面还开辟了一块植物园，里面种着各类蔬菜。我对这陌生的环境充满了好奇。课间，孩子们看见我后便一直跟在我身旁，一边走，一边窃窃私语："这是谁？""好年轻的老师哦！""竟然是个女老师哦！""要是教我们班级就好了。"这些话我听在耳中，喜在心中，看来孩子们挺喜欢我的，同时我也有些奇怪，孩子们的话到底是什么意思呢？

欣赏完学校的美丽景色后，我见了分校的胡校长，一位45岁的"年轻人"，他向我介绍了学校的一些基本情况。塔影小学属于白马中心学校下面的分校，有教职工15人，其中50岁以上12人，男教师12人，大部分教师中师毕业，属于民师转正。学校共有6个年级，6个教学班，每个班级大概有35个学生。我在这所学校年纪最小，学历最高，所以校长把学校的集体活动交给了我。当时的我就像个泄了气的皮球，满肚子委屈。“还好，还好，就待两年，熬也要熬下去。”我这样安慰自己。

2016年9月8日，是我来到新学校的第6天，这天天气不错，我一个人在操场上散步，一个孩子正在上体育课，看到我后，叫了一句“升旗老师好！”我愕然，把他叫到身边，一起坐在草地上聊了起来。我说：“下次别叫我升旗老师了，叫我大队辅导员老师。”“什么叫大队辅导员？那是干什么的？老师，你除了升旗，还会什么？”他的那双渴求的眼睛深深刺痛了我。第二天，我利用业余时间在一至六年级各抽了3名学生做了一个小调查，初步了解了学校以前开展少先队活动的情况：虽说每周的升旗仪式，每日常规检查都在做，但“少先队活动课”却没有进课堂，“队会课”对孩子们来说只是课表上的那几个字而已，只是任课老师滔滔不绝的说教而已。当我问道：“你们想上咱们少先队员自己的课吗？”孩子们却回答道：“老师，什么叫队会课啊？好玩吗？有故事听吗？是您为我们上吗？”我突然意识到我必须为这些孩子们做点什么。

我从一点一滴做起。我教孩子们如何行队礼；分辨大队旗、中队旗；如何宣誓、呼号；讲关于红领巾的故事；在建队日那天，我特地利用学校的广播给孩子们上了一节少先队理论知识课；……红领巾对这里的孩子来说只是脖子上的那抹红，毫无象征意义，也没有学生佩戴队干标志，更别说进行正规的大队委选举了。以前的大队委选举都是班主任提名后直接上报给学校领导，没有正规选举的过程，孩子们自然不懂得珍惜。我就见过这样一名品学兼优的学生，当我召开大队委候选人会议，讲解选举程序时，他直接说：“辅导员老师，我不要参选。”我询问其中原因，他说：“以前从来都不选，只要成绩好就可以，这样又要演讲，又要才艺展示拉票，我人缘不好，选不上，不丢脸吗？”我说：“公平、公正不正是咱们心里所希望的吗？如果我们只要成绩好就能当选，那咱们如何服众呢？”随后，我利用少先队活动课中的“民主选举”给参与大队委选举的队员上了我在这所学校的第一节少先队课。

我在塔影小学教二年级的学生，我就以二年级为突破口开始了少先队活动课的征程。我打开课件，首先是报数，出队旗，可孩子们对此全然不知，我只能放弃，直接进入齐唱队歌的阶段，可是音乐响起，教室内鸦雀无声，没人会唱，孩子们甚至都没听过。当时，我心里特别难受。紧接着，在学校领导的支持下，我召开了班主任工作会议，给班主任布置任务，一周内教孩子们学会队歌。别看这些教师年纪偏大，可在他们身上所展现的敬业精神却深深让我敬佩。他们很快就付诸了行动。第二天，校园内呈现出另外一番情景，三三两两的孩子蹦蹦跳跳地走进校园，嘴巴里都哼着那首振奋人心的歌曲。我干脆把校园广播里播放了好久的音乐换成了《中国少年先锋队队歌》《红领巾心向党》《红领巾之歌》《红领巾飘起来》等歌曲，一首首节奏明快的歌曲荡漾在校园里。

好的开始是成功的一半。一个月后，虽说少先队课程还不能够完全按课表安排实施，但值得庆幸的是，现在所有的老师都愿意尝试改变，而孩子们的变化更是让我高兴。我看在眼里，喜在心上，他们不再叫我“升旗老师”，而是会亲热地称呼我为“辅导员老师”。

农村小学固然有各种不尽如人意的地方，但作为少先队辅导员的我们不能以此为借口而放弃对他们开展少先队工作，偏远的山区更需要红领巾所给予的力量。我相信，只要愿意无私付出，孩子们就会得到更多的爱和知识。

我在课例编写工作中的收获

袁 芳

我非常荣幸能够参与本次少先队活动课例的教研活动。虽然在整个参与的过程中付出了很多艰辛和汗水，但看到自己的收获、取得的成绩，明白了这次活动的价值，我是多么快乐！

在教研活动中，我的任务是负责《少年军校》中《初识军队》一课的教学设计的编写及制作相应的课件，然而当时的我还肩负着毕业班语文课教学的艰巨任务。我接到任务时，时间已经非常紧迫，而我对于“军队”这个概念也不是很了解。听说我们编写的这个课例要作为教学参考用书，所以，我十分谨慎。我立刻开始从互联网上查阅关于中国人民解放军的资料，并认真阅读了《少先队活动课程指导纲要（试行）》，了解了一年级小队员的特点，为编写课例做准备。同时，我对此次课例编写的格式要求不太了解，又咨询了中心学校的徐晶琳老师，还借阅了她已编写完毕的课例。此时恰逢安徽师范大学的辛治洋教授为各位辅导员老师做专题讲座，这次讲座让我对课例编写有了更进一步的了解。

一切准备就绪之后，我花了几个晚上的时间，终于写好了初稿。我把初稿传送给徐晶琳老师，请她帮我修改。徐老师仔细阅读后，指出了许多不足之处，并提出了宝贵的修改意见。我认真修改后再发送给她……就这样几个来回后，徐老师帮我把电子稿提交给辛教授批改，没想到的是，竟然一次通过了。接下来的任务就是制作课件了。

我之前没有接触过PPT，所以，我在制作课件时，花了一番心思研究，掌握了一些制作技巧。我经过三四次修改，竟然也通过了。而我之前摸索到的技巧也为后来制作课件的同事带来了许多方便，我感觉甚是欣慰。

我从此次课例编写工作中收获颇丰。首先，我熟悉了一些办公软件的用法。其次，我对军队有了更多的了解，并探索了如何将这些知识通过活动课的形式传授给孩子们。最后，我认识到少先队工作的重要性，明白了它在德育领域中的突出地位，同时也让我懂得了身为少先队辅导员的我们身上肩负的重任。

我的课例撰写之路

陶绍花

2015年8月20日，在弋江区教育局德育科的组织下，前期参与弋江区少先队活动课例撰写工作的老师们齐赴丫山参加为期两天的培训，我非常荣幸成为其中的一员。第一天的培训安排是聆听专家报告，评选优秀案例，教师代表谈心得体会。第二天主要是拓展训练。

在两天的培训中，让我印象深刻的是几位老师谈撰写少先队活动课例的心得体会。他们采用“拉家常”式的语言，聊着自己撰写方案时的思路过程、心路历程，朴实无华的语言中无不渗透着他们在撰写路上的用心与艰辛。真实、感人的撰写故事，烙印在我们的心坎里，深深地打动了我们，不禁也勾起了我对撰写课例历程的回想。

我在四月初接到学校下达的撰写少先队活动课例的任务，主题是“少年军校之了解兵种”。恰逢四月份我要准备区级的古诗词教学教研课，我便把写课例一事冷落在一边。在这期间，听我们的组长说，已有许多老师的方案在辛教授的指导下陆续通过了，我想这是组长在旁敲侧击地让我尽快交稿吧。我虽有些着急，但还是打算忙完教研课再着手编写课例。待教研课结束已近五月，于是我立刻投入编写课例的工作中。我白天要教学，只好牺牲中午的时间和晚上的时间研读《少先队活动课指导纲要（试行）》，上网查阅活动背景资料，海、陆、空各军种资料。经过两个星期的整理，我的课例终于“出炉”了。我顿时倍感轻松，兴冲冲地将课例传给了组长。我本以为这块大石头稳稳地落地了，谁知，第二天接到组长的电话说格式错误，我很纳闷：自己按要求弄的格式怎么会错呢？经过一番交流，我得知原来课例的编辑包括方案通过后的PPT制作必须使用Office2010，而我用的是Office2003。这可怎么办？办公室没电脑，机房和家里的电脑是Office2003。就在我束手无策之时，得知校长用的电脑是Office2010，我赶紧找到校长说明情况，用校长的电脑把课例的格式进行了转换并传给组长。组长说把我的课例交给辛治洋教授了，能不能过，还是问号，听组长说有的老师的方案经过五六轮的修改后才定稿。接下来的几天里，我忐忑地静候辛教授的反馈结果，心中无数次希望自己能一次通过。

过了几天，终于等来了辛教授的反馈结果：军种、兵种不分，请重新撰写。看到这鲜红的批注，犹如晴天霹雳，震得我的头嗡嗡作响。唉，这是全文否定了，意味着前期的辛劳全部付诸东流，一切得重新开始。军种、兵种不分是怎么回事呢？没办法，我只好去查阅资料，了解军种、兵种的区别，果然是两个概念。说来惭愧，作为一名女教师，我一向对军事不感兴趣，才造成今天的笑话。那么兵种到底有哪些呢？带着这个疑问，我继续上网查找相关资料，不查不知道，一查吓一跳，这么多兵种从何写起，难道要面面俱到，只有一节课的时间如何能讲全，如果不能那么舍谁留谁，重点在哪儿呢？办法总比问题多，我想了想，何不向辛教授请教呢？辛教授告诉我说要选海、陆、空具有代表性的兵种，从了解他们的作战特点、装备、标示、训练方法等入手。于是，又一轮拟稿工作紧锣密鼓地展开了。我花了两个星期，长长地舒了口气，真好，新的课例也完工了。递交上去，继续等待反馈。如果说上次的心情是忐忑，那么第二次的等待可算是煎熬，真的好害怕悲剧重演。不过，这次我的案例通过了审核。我喜出望外，情不自禁地跳跃起来，那份喜悦真的无以言表。

接下来，还有一项任务要完成——制作PPT。幸运的是，这项工作我可以走个捷径，因为一位同事制作的PPT此时已经通过审核，在她的指点下我少走了许多弯路。除了搜集、处理图片花了许多时间外，其他都还算顺风顺水，PPT一次就通过了审核。就这样，我走完了我的撰写之路。一路上有迷茫，有艰辛，有倦怠，但现在回想起来，这一路走来，更多的是完成工作后收获的喜悦。一路上感受到了校领导对我的关爱与支持，感受到了同事的善良、友爱，感受到了辛教授的诲人不倦和平易近人，更感受到了撰写路上自己的不断成长与提高。

在培训中，有一项是评选优秀案例，我很有幸地拜读到了其他老师的佳作。看着这一份份的案例，我仿佛看到她们午休、深夜伏在电脑前敲击键盘、点击鼠标的身影……

在学习与探索中前行

杨小四

少先队活动课程旨在引领少年儿童健康成长，注重党、团、队组织意识和教育内容的衔接，遵循思想性、趣味性、参与性、实效性的原则，激励广大少年儿童从小立志向、有梦想。此次少先队活动课例的撰写我校负责4个主题，24个案例。看到这么多从未接触过的任务，我有点茫然。校长很重视这项工作，随即成立了以我为组长、部分中队辅导员为成员的小组。

我们学校少先队活动课小组从学习区教研大组所颁布的各项撰写规范要求开始，不学还好，一学大家都有点发蒙。本以为只是一个活动教案的简单编写，没想到少先队活动课从背景到反思，从案例到配套资料都有详细的规范要求。我们小组感受到了莫大的压力。经过几次集中学习，我们从“纸上谈兵”转向了“实战”，开始了各自的主题设计。

课例的撰写在严格依照“规范要求”中艰难结束，但是距离易操作、有实效的目标却很远，有的太简单，有的不利于操作，等等。于是，我组织教研组每周三下午花半天时间，依照“先进入课堂，再交流研讨”的步骤进行研讨，大家从课堂效果谈感受，然后对照交流意见和具体要求进行修改。如在研讨“家乡特长”和“家乡品牌”时，我总感觉活动课中队员积极性不高，空洞的介绍有点多，经过研讨后，负责的辅导员果断地把“家乡特长”的实物和“家乡品牌”的模型融入了活动课中，使活动课直观、生动、易操作，还很有实效。经过几次交流研讨，稿件质量有所提高。可是我们小组的工作积极性却降低了，大家对这种反复的修改、细化有点厌倦，于是我们只能向辛教授求助。

我把我校的不成熟的课例发给了辛教授，果然很快就有了反馈，看到辛教授密密麻麻的批注，我知道存在很多问题，于是我们教研组当天就加班修改。这时，部分老师表现出了畏难情绪，我鼓励大家一定要坚持。我告诉大家，以前的案例修改可以说是盲人摸象，现在辛教授给了我们具体的修改批注，已经给我们指明了方向，这样对照着修改，我们没有理由搞不好！就这样，我每次接到辛教授的反馈，就立马组织小组研讨。接着，把我们修改的稿子再传送给辛教授审查……在辛教授的帮助下，经过6轮的反馈与修改，6月25日，我们所撰写的课例全部通过！接下来就是配套资料的制作，主要由我、俞德发、俞云德3位老师完成。由于电脑系统软件原因，第一次提交后，我就和汪建设组长产生了误会，汪组长总是反馈“文字式样不对”。我说不可能呀，怎么会有这种低级错误，我传送了3次，组长3次这样反馈。就在我百思不得其解的时候，我换了一台电脑（学校最新的一台电脑）——我发现显示效果真的不一样。最终找到了症结所在：我们的电脑软件陈旧，使用的Office2003，与Office2010有差异，文字式样不同。自从找到了原因，24个课件一周内顺利完成！

此次少先队活动课例撰写给我的感悟是：要想干好一件事，领导重视是前提，专家指导是关键，教师积极参与是基础！我们的少先队活动课例终于完成了，这是多么值得骄傲的一件事。但我认为这只是第一步，更重要的是能够看到我们的课例走进更多的校园，被少先队辅导员认同，这样才是真正绽放它魅力的时候。我相信！我期待！

我的课例撰写历程

刘 静

经历了煎熬，方知成果来之不易。很感谢邀我加入少先队活动课例编写的张翠老师和当初那个愿意参加少先队活动课例编写的自己。

我一开始对这件事并没有什么热情，仅凭对张老师的信任就参与了这项工作。所以，在我还不了解少先队活动课例编写是什么的时候，就一口答应下来。然后，张老师开始组织我们抽签决定选题，了解少先队活动课例的性质，我才真的意识到这件事可不是口头上随便说说那么简单。接下来，我欢天喜地地准备过年，却时不时被“催稿”。在这万家灯火、举国欢庆的时候，要静下心来编写课例太难了。于是，我就一直拖着，直到团队里已经有人交了，我还没动笔。终于，似乎所有人都交了，就剩我了。我熬了几个晚上，终于完成了课例，赶紧交了上去，生怕拖大家的后腿。到了开学，我找机会和张老师聊了自己的设计，她听后，觉得我立意过于大胆，建议我推翻重来。仔细斟酌后，我舍弃了原来的设计，重新写。后来，当我看到小伙伴们一遍又一遍地改设计，而我很幸运地一次通关，就觉得自己熬夜也是值得的，有一种完成大业的轻松感。可是到了做课件的时候，又开始了新的“磨难”，从软件版本到需要的素材，经历了很多，一直很烦躁，好在最后都如期地完成了。

今年暑假，我在参加少先队的培训时，看到自己的设计被印刷装订出来，我忍不住地激动起来。一想到以后出版了，这本书上有自己的名字就更激动了。当然，我想激动的肯定不止我一个人，因为在此次培训中，我认识了很多参与课例编写的老师们。他们和我在做一样的事，一样在享受收获的喜悦，并且，我们做的事情就是分享，我们能让全国更多的少先队辅导员们看到我们的设计，这让我们十分自豪。此刻突然觉得自己经历的煎熬算不上什么，觉得自己做的事情特别神圣。在与其他老师的交流中，我深切地感受到少先队辅导员们的热情和整个团队积极向上的朝气。于是，我认真地思考着：我们这样一群人，接触的都是最天真、最可爱的孩子们，他们是祖国的未来和希望；但并不是所有孩子都能成为栋梁，都能成为某个专业领域的领军人物，他们中更多人以后会走上平凡的岗位；这些孩子，他们在学业上可能不拔尖，也没什么特长，但这就是我们面对的孩子们。而我们这些少先队辅导员，能为他们做什么呢？我想，也许这就是我们这次进行少先队活动课例编写的意义所在吧——让所有的孩子了解我们的国家，了解这个社会，了解他们自己，学校教给他们的绝不仅仅是如何考高分。

当我们这些少先队辅导员能安下心来，聚集起来为我们的孩子们做些什么的时候，我相信，我们的孩子会得到更好的教育，会生活得更加幸福。

学习，永远在路上

杜雅文

如今回忆起当初与同伴们共同研究少先队活动课例的那些日子，仍旧是五味杂陈。那时的我初出茅庐，怀着一种好奇和年轻人敢拼的心态，欣然接受了学校的这次任务。虽然其间的过程无法言说，但我很庆幸自己能参与其中。

刚接触“少先队活动课”这个概念的时候，我想应该和平时的班会课差不多吧，设计一份好的少先队活动课例，无非就是写一份优秀的班会教案，只要有精心的设计、多元的形式就能达到理想的效果。于是，我努力回忆着我小时候的班会课和现在我给学生们组织的班会课，一幕幕呆板的画面映入脑海。是啊，班会课上班主任总是占用过多的时间去说教，总结班上学生的行为规范，可是能听大道理、明事理的孩子太少了，严厉的说教只会让学生愈加反感。正当我对这些设想自我怀疑时，张翠老师分享的《少先队活动课程指导纲要（试行）》对我甚有启发。我认真、反复地研读，企图对少先队活动多些认识。果不其然，确实有些新的领悟，少先队活动课程是以学生为主体的独特活动课，注重学生的实践体验，运用少先队的特有礼仪，引导学生养成健康向上的思想意识，这是简单的课堂教学无法达到的。所以，少先队辅导员必须深入学生群体内部，了解学生思想动态和年龄阶段特征，敢于尝试新的活动形式。

作为一名“新”教师，我想在自己可以控制的范围内对孩子们进行适度教育。后来的实践证明我错了，正如世界上没有两片相同的树叶，每个学生有不同的个性，每个阶段的学生也有不同的心理需求。在我得知我要编写的课例是关于四年级的“活动角”时，我又开始疯狂地想这个年龄段的孩子会对什么感兴趣，他们想要的“活动角”是怎样的，课堂内应该给孩子们何种效果的德育和思想建设。后来，我深入学生、查阅资料、向有经验的教师请教，这些工作对我之后的活动设计有很大的帮助。我了解到四年级的孩子自主性较高、兴趣爱好广泛等特点，我的设计形式就更有针对性，内容也更贴近孩子们的认知和生活，精选与他们学习、生活密切相关的教育内容，抓住教育契机，创造性地开展主题鲜明、有吸引力、时代感强的活动。同时，我注重运用艺术、时尚、情感元素和游戏、歌曲、童谣、漫画、动漫等活动形式，创作、推荐和用好优秀少儿文化艺术产品；注重运用对少年儿童有影响力的少儿电视、广播等大众传媒和网络等新媒体，增强少先队活动的吸引力和影响力。时代在发展，知识在更新，我们的课堂需要这些新鲜血液的注入，才会让孩子热爱课堂，多维度学到和理解真、善、美。虽然那段折磨人的撰写课例的时光早已远去，但是我依然不断提醒自己更新知识储备，了解学生的喜好，发掘学生的潜力，这对我未来事业的发展将是一笔巨大的财富。

正当我有些思绪开始动笔撰写时，课例的格式要求、内容形式，又将我推入了谷底。网上没有可借鉴的模板，所有的内容需要原创，这对我这个新人来说实在太难。可是要知道我不是一个人在奋斗，我身后有着强大的团队，队员的头脑风暴、智慧撞击又给了我巨大帮助。是啊，团队分享、团队合作，无疑是当今社会不可或缺的社会技能了。

我有幸参与少先队活动课例的撰写，让我深刻地意识到学习固然重要，但健康、向上的人生观对于孩子们来说更重要。通过一节小小的活动课，让每个队员参与其中，开阔眼界、积淀智慧、体验生活，我想这就是少先队活动课的终极意义吧。

所有的教育都是相通的，我们都要向着真、善、美，做最好的自己。作为一名老师，与孩子一起成长，我需要学习的还有很多，所以我们一直在路上，永远追逐那最美的一道风景。

撰写少先队活动课例的感悟

杨时勤

在我们学校，班主任即是中队辅导员，可谓“双肩挑”。平时的中队活动，都是中队辅导员根据班上存在的问题或重大节庆日开展的，少先队活动随意性很大。为了改变这种无序现状，弋江区教育局决定集中编撰少先队活动课例，并以此作为少先队辅导员开展少先队活动的依据。这个决定似一股春风，吹遍整个弋江区的教育系统。我校少先队大队辅导员杨小四老师开会回来，传达了会议精神。紧接着，他在学校里挑选了“精兵强将”，我有幸被选上，随后，大队辅导员对我们进行了培训。说实话，把平时工作上升为理论，编辑成书，这是细活，需要严谨的态度。对于我们这些农村的小学教师来说，是“大姑娘上轿子——头一回”呀，心里既兴奋，又有几许不安。大队辅导员看穿了我们的心思，说：“大家不要怕，认真对待，不明白的地方，我们共同商量，我解决不了的，还可以问安徽师范大学的辛治洋教授。”

接到课题任务的我放学一回家，就钻进房间，坐在电脑桌边，敲起了键盘。一行行文字出现在屏幕上，我时而沉思，时而思路敏捷，洋洋洒洒地写了不少。妻子几次催促我吃饭，我就像没听到一样。几个小时过去了，我的第一篇活动课例《学生守则》的初稿完成了。我松了口气，舒展一下有些酸疼的腰，揉揉有些模糊的眼睛，走出房间，草草地吃过晚饭，我又坐在灯下认真地修改刚写好的初稿，一直写到客厅的钟声敲了12下，才心满意足地熄灯就寝。

第二天，我满怀信心地把课例初稿送到大队辅导员手中，大队辅导员认真地看完后，提出：活动环节中，活动过多，有的活动超出了低年级学生的认知。我拿回电子稿后，又进行了修改，再送，再改。终于，大队辅导员发话：“拿去，请其他辅导员试教，在试教中再找不足。”这样，反复修改了十几次，我以为可以顺利通过了。大队辅导员把我的稿件发给安徽师范大学的辛教授，很快，辛教授回复，指出有两处需要完善，我看着屏幕上的提示，又进行了完善。最终，获得通过！

我按捺不住成功的喜悦心情，手舞足蹈。妻笑曰："你就像我们女人一样，十月怀胎，一朝分娩。"妻说得对，十月怀胎与分娩是痛苦的，产子却是幸福的。我圆满完成首篇课例《学生守则》，就像儿子来到这个美丽的世上，叫人多么兴奋！我在撰写过程中的辛酸与艰辛，此刻被幸福和快乐所取代。

有了这次成功的经验，我马不停蹄地继续编写第二篇活动课例《时代先锋》。在辛教授和大队辅导员的指导下，在好心同仁的帮助下，我终于圆满完成了两篇活动课例。这次活动课例的撰写，给了我一次教育工作上的洗礼，使我对再学习再提高有了更深的体会。

传递星星之火，努力使之燎原

——参与《少先队活动课例》编写之后感

汪　俊

我是一名有八年中队辅导员、八年大队辅导员工作经验的“老辅导员”，十六年来，我为了应付上级检查、准备各级各类比赛，自认已经能熟练地、按部就班地在任何时候开展或大或小、或虚或实的大队、中队活动。正在我感到越来越驾轻就熟，觉得工作没有新鲜感，即将进入职业倦怠的2014年，新的问题出现了。

那是在2014年下半年，上级下达文件，所有学校必须执行“少先队活动课”进课表的要求，我们学校也不例外。很简单嘛，马上换课表，安排一周一课时，要求班主任兼任中队辅导员，严格按课表上课。接着，问题来了——这门课有名称、有时间，可是没教材、没培训，该怎么上呢？是和班会课一样，随便上？那为什么要改名字跟少先队有关呢？该教给孩子们哪些跟少先队有关的知识呢？校领导、各中队辅导员都没了主意。我是学校少先队工作的负责人，大家都把问题抛给了我。我傻了眼，工作16年，从没想过要把少先队知识整理成系统，还要用孩子们喜闻乐见的方式传授给他们。一至六年级，每周一节，该教些什么呢？我开始有了久违了的紧迫感，开始重新思考少先队工作。正当我手拿《少先队活动课程指导纲要（试行）》着急无头绪的时候，各级领导也想群众之所想、急群众之所急，不久之后传来福音，弋江区教育局将开始少先队活动课的推进工作，太好了，有领导抓落实，等着吧，领导一定会给意见的，不用着急了。

没过几天，我们接到通知，弋江区成立了区少先队活动课教研组，我和十来位少先队辅导员居然都入选其中。我在感到光荣的同时，又困惑起来，要我们来做什么呢？当得知我们的目标是为所有的中队辅导员编写出一至八年级的活动课例，让所有辅导员能有教材、有课件，轻松上好少先队活动课的时候，我们被吓住了。太难！离自己太遥远了！许多人连报纸上的豆腐干都没沾过边，何谈出书？我们对少先队的认识够吗？我们能系统整理吗？我们能完成领导委以的重任吗？一系列的疑问出现在各位少先队辅导员的脑海中。

不管有没有底气，我们还是硬着头皮参加一次次的教研会。通过一次次的交流学习，我们感受到，各级领导高度重视这项工作，对我们不仅支持，更给予了充分的信任，我们不能退缩。我想，对孩子们来说，让以往整天说教的班队会课，变成既有意思又有意义的少先队活动课，这是一件开先河的好事啊！难，我们也要做下去。更何况还有安徽师范大学的辛治洋教授作为我们的导师，随时为我们答疑解惑，我们还有什么不敢做的？于是，我给自己鼓足了勇气，打起精神想办法，动员更多优秀的少先队辅导员参与其中，动员口号只有一个：将优秀展示出来，将课例分享出去！只要你愿意，我们组就欢迎，只要你想做，我们组就帮助。很快，我们区级教研大组下又分设了小学3个、中学2个共计5个教研小组，每个小组由3—4所学校的约10名骨干老师组成。慢慢地，我们的教研会热闹起来，思想的交融，智慧的碰撞，让我们干劲儿更足。还记得深秋的那天，在萃文中学的教研会从下午2点持续到6点多，屋内的老师都不知屋外已夜幕降临，寒雨纷飞。那天，我们一群少先队辅导员说着笑着，在冷风中冒着刺骨的秋雨走出校门，仿佛世界一下子就变成了冬天。我穿着雨衣骑着电动车，载着另一位没有带伞的少先队辅导员，一路还在争论着活动方案。那天，我突然觉得自己好年轻，和一群有朝气、有拼劲的战友共事，好浪漫！

通过交流，我们终于有了阶段性的成果，一至八年级各年级段的教育目标明确了，每个课时该完成的关键任务也明确了。接着，我们以三年级为切入口，围绕教育目标，精心谋划每一课时的活动内容，终于，完成了三年级课例的编写。实践才是检验真理的唯一标准，课例好不好，要上一上才知道。大肚子的准妈妈，新婚宴尔的小新娘都第一时间拿着自认为满意的活动方案，走进教室，亲自试教、修改，再请学校老师帮忙试教，再修改，这样的认真和执着怎能不打动人，不鼓舞人？这一轮一轮研磨，一轮一轮商讨，水到渠成，自然而然第二步推进成立校级教研组工作顺利完成。我们的少先队活动课教研组由原先的几十人，迅速壮大到百余人，参与的有分管德育的副校长，有经验丰富仍不断创新的大队辅导员、中队辅导员，还有各校新上岗的青年教师。这些青年教师都是过关斩将，经过层层筛选刚刚被区聘的研究生、本科生，人人都是高才生，他们有扎实的理论基础，又有年轻的活力与拼劲儿，给我们的少先队活动课注入了新的活力。有了校级教研组，我们的影响力更大了，战斗力更强了，定时间，定任务，活动开展得如火如荼，吸引了更多的人参与，更多的人期待成果。

每位少先队辅导员都格外珍惜这次机会，为了写好一至八年级的课例，我们格外严谨，学习热情也空前高涨。我们不断学习习近平、李源潮同志的历次相关讲话，钻研《少先队活动课程指导纲要（试行）》，查阅《少先队》《辅导员》等书籍，理论水平不断提高。同时，我们搜集时事新闻，留心身边事例，网上查找，自己动手制作，让一切资源都成为活动课的素材，大家的信息技术水平不断提高。不记得我们为写课例熬了多少个夜，不记得为做课件拜了多少位师，不记得被专家、领导、组员们批评、指正过多少次，也不记得自己在心里悄悄打过多少次退堂鼓，但是，我们坚持下来了！看，我们的队伍就是这样一点一点壮大起来的，我们的课例就是这样一篇一篇啃下来的，我们的战友之情就是在一次一次的教研中培养起来的。

2015年10月13日，又一个少先队建队日，可今年的建队日却格外不同——我们编写的《少先队活动课例》终于出版了！原先我们认为出书难难于上青天的任务，在大家的不懈努力下还是完成了！我们以弋江区“区域化推进少先队活动课建设”工作组的指导专家们为中心，参与少先队活动课例编写的每一个人，都成了发光、发亮的点，影响着身边的组员，影响着使用课例的少先队辅导员，更影响着直接受益的少年儿童。参与这项活动就是“传递星星之火，努力使之燎原”啊！我们尽我们的能力，让每节活动课都变得有意义更有意思，为少先队辅导员们上好活动课提供便捷，为队员的健康成长提供帮助。希望我们的课例也能在使用者的手上散发出更多的光和热，让点点星光融进少先队员的心灵，伴随着队员的成长，放射出更耀眼的光芒。

让感恩的种子发芽成长

——《少先队活动课例》编写有感

仰 珺

这是我在马塘小学工作的第三个年头了，也是我当班主任的第二个年头。去年，学校分配下来一个任务，让我们年轻教师担任班级的中队辅导员，同时编写少先队活动课例，每人分得一个主题课例编写的任务，还被告知要出版成书。当时，我是不知所措的，因为我刚做班主任不久，而且带的是一年级的小朋友，备课、上课、批改作业、帮助孩子养成良好习惯等一系列工作都需我亲力亲为。听说要编写课例，我还是有些压力的，不知是否能做好，从拿到分配给我的主题“心怀感恩：感恩父母”后，我就想着，一定要尽自己最大的努力去完成编写工作。

我在编写课例之前，看了很多其他主题为感恩父母的班队会活动，想从中汲取一些经验。但是我发现，这些基本都是高年级的课例，而我编写的是符合一年级孩子心理特点的课例，我感觉思路遇到了瓶颈，不知道该从何下手。

一天晚上，我在看中央电视台的《开学第一课》，刚好那一期的主题是“父母教会我”，当中有介绍孝心的动画，我当时灵机一动，动画？不正是低年级的孩子所喜闻乐见的吗？我立即在网络上搜索起来。当晚，我的灵感如泉涌，在脑海中对活动过程有了一个大概的框架，中间还设计了一个让学生用手势判断对错的环节，让学生自己去体会、去表达。我想，这比单纯的说教，更能让学生接受。就这样，我完成了课例的初稿，并上交给学校领导。本以为基本搞定了，结果没想到，一次次地上交，一次次地被退回来修改，修改后再反思，然后再修改，我深刻感受到编写课例是多么不容易。我想过放弃，可是又想，既然承担了这项任务，就一定要做好。渐渐地，修改的次数越来越少，定稿时，我的内心有说不出的喜悦。定稿之后，我就在我们班级试教了一下，整个活动还算流畅，活动课运用了观看视频，用手势判断对错，讨论等方式对队员进行教育。

这节课上完没过几天，出现了一个小插曲，一位家长向我反映，孩子在家不听话，回到家不先写作业，非要先玩，妈妈说了他几句，他就在家发起脾气来，家长无奈，说孩子听老师的，就给我打了电话。第二天，我把他叫到办公室来，说："老师考考你的记忆力。老师前几天上了一节少先队活动课，主题是什么，还记得吗？""感恩父母。"他立马答了出来。"那么哪些行为是孝敬父母的表现呢？"这个孩子对答如流。"可是啊，老师听说有个小朋友在家不听妈妈的话，还和妈妈发脾气，惹妈妈伤心了，你觉得他这样做对吗？"那个孩子立刻听出来我说的是他，他羞愧地低下了头，说："老师，我做错了。我今天回家就向妈妈道歉。"

儿童教育专家郭建国说："感恩之心是一种美好的感情，没有一颗感恩的心，孩子永远不能真正懂得孝敬父母，理解帮助他人，更不会主动地帮助别人。"通过该活动内容，要让队员懂得，父母为了养育、教导我们付出了很多心血，我们应该尽自己所能为父母做一些事，来减轻他们的压力，回报他们的爱。而感恩父母就要从自己身边的小事做起，让自己的家充满爱的气息。比如，主动做一件家务，减轻父母的压力；给父母盛饭夹菜，让父母感受到自己对他们的关心；听父母的话，不顶撞父母；好好学习，不让父母操心；等等。

感恩教育是社会主义精神文明建设的核心内容之一，少先队开展感恩教育是学校德育的重要组成部分。《中共中央国务院关于进一步加强和改进未成年人思想道德建设的若干意见》指出，"扎实推进中小学思想道德教育"，"充分发挥共青团和少先队在未成年人思想道德建设中的重要作用"。在少先队活动中开展感恩教育，有利于学生从小养成一种感恩意识，感激父母的养育之恩，感激老师的培育之恩，感激同学的帮助之恩，感恩自然的赐予之恩，感激祖国之恩。对于今天的广大青少年来说，感恩意识绝不是简单的回报父母养育之恩，它还是一种责任意识，更是建设社会主义精神文明和构建社会主义和谐社会不可或缺的重要方面。少先队员是社会主义的建设者和接班人，身为独生子女的他们往往从他人那里索取得多，而不知如何感激他人对自己的帮助，既然少先队是培养社会主义接班人的组织，那么对少先队员进行感恩教育就是少先队辅导员义不容辞的责任。

心理学家皮亚杰说过，活动能促进道德的发展。因此，在实施感恩教育的过程中，应该将感恩教育的目标和内容贴近队员的生活，让队员走入实践，在活动中加深认识。感恩教育不是一蹴而就，不是通过一件事情或者上一节课就能产生效果的，它需要长时间的潜移默化的影响，更需要学校、家庭、社会各方面的努力和配合。对小学生来说，尤其是低年级的学生来说，感恩他人的能力还非常有限，但从小培养他们的感恩意识，应该是我们现代教育的一个重大课题。根据队员的年龄、心理特点，有针对性地在少先队活动中开展感恩教育，可以通过一系列队员喜闻乐见的活动形式，寓教于乐，如讲故事、办小报、写感谢信、布置亲情作业、主题演讲、文艺表演等。通过这样一些活动，将感恩教育渗入每个队员的心田。

感恩是一个人起码的品德。拥有一颗感恩的心有利于队员的健康成长，把感恩教育融入少先队活动中，通过活动使队员懂得感恩的意义，明白感恩的道理，知晓感恩的责任，将感恩的种子播撒在队员的心田……相信我们种下的这棵感恩的小树苗一定会长成可以遮风挡雨的参天大树。

中队成员学服务

侯迎

近几年已经很少强调“服务”这个词了。孩子们在中队、大队里争当各个职务，想着的是“我”有什么权力，“我”可以怎么管人，很少有队员意识到“我”在岗位上要做的是“服务”。

三年级的中队组织已经完善，优秀队员可以参加大队委的选举了，中队组织面临着新一轮的改选，队员热情高涨，心里盘算着自己可以竞选什么岗位。我作为中队辅导员，看到孩子们的这股热情很开心，不时地与孩子们进行交流，你想竞选什么岗位，为什么你想竞选这个岗位呢？我得到的答案五花八门，有的觉得光荣，有的为了爸妈开心，也有摸摸脑袋不知道是为了什么。但是，没有队员认识到岗位上的“管”是为了更好地为班级同学服务。如果要把这生硬的理念通过说教的形式灌输给队员，他们会很难理解，也难以接受。于是，我决定开一节中队活动课，将“服务”的概念贯穿始终。

一、什么是服务

我在设计活动课时，发现这个学期的《品德与生活》课中有一个单元谈到了“服务”的话题，教材里的一些环节很适合三年级学生的特点。我将《品德与生活》中的一些图片纳入了活动课的导入环节。在导入环节，我准备了这样一些图片：医生正在给病人治疗，交警冒着风雪指挥交通，老师正在给学生授课，特警队员正在训练，环卫工人正在清理道路。这5幅图片的场景虽然不同，图片中的主角不同，有让队员崇拜的特警队员，还有经常被队员忽略的环卫工人，但是这5幅图片都表达了一种为人民服务的精神。如果只让三年级学生说出图片中的人物在做什么，对他们来说很简单，为了让他们明确“服务”的理念，我又追问了一句“为什么？为什么他们要这么做？”这时，队员明白了，他们是为了肩上的那份责任，不管是哪个岗位都要做好“服务”工作。

社会中的每个岗位上的员工都需要“服务”精神，中队里也不例外。有相当一部分队员认为中队里的事情都应该是中队委员们去做，因为他们是中队中某某岗位的，如果要服务都应该是中队委员们服务，与普通少先队员无关。所以，有些队员有情绪，不支持委员们的工作，或者遇到事情躲得远远的，根本不参与中队活动。因此，很多中队委、小队委工作时遇到很多困难，造成了中队内部看似各司其职，有条不紊，其实工作被动，中队凝聚力难以形成。我想可以通过这个契机，改变一下中队岗位的格局。

正式活动环节中，我先请队员介绍现在中队里的岗位，队员清楚地介绍了中队里的各个固定岗位。此时队员的脸上写着满满的疑惑：这些我们早就知道了呀，二年级活动课里就有啊，怎么又介绍一次啊；说多少遍也跟我没关系，我又选不上的；是又要改选吗？我又有机会了？我看到他们的表情很高兴，说明他们对于中队组织还是有兴趣的。此时，我宣布："今后，我们的中队还将开设'特设岗位'，比如……"队员一听这话，顿时来了兴趣，连平时一贯"淡定"的几位队员也睁大了眼睛。我继续介绍："比如说，每天我们必须佩戴红领巾，但是总会有同学忘记，此时我们需要一位礼仪小管家来帮助我们；每次我们开中队会时需要操作班级的电脑、白板，这时我们需要一位电教小管家；还有我们中队的同学喜欢读书，队员借书时会有些混乱，班级小书架需要经常整理，所以我们还需要一位图书小管家。"听到这里，有队员激动地举起了手，有些还自言自语起来："我应该能做礼仪小管家，我可从来都没忘记过戴红领巾。"看到队员脸上的期许，我知道，我的目的达到了，人人都参与，中队工作才能做得好。我接着说："在中队里每个岗位职责不同，但是都很重要，缺少了一个岗位或者哪个岗位的工作不到位，咱们中队就要乱套了，所以我们要公开招聘。我们先来看看图书小管家的招聘要求，再来申请。"队员了解招聘要求后又纷纷举起了手，认为自己可以胜任。有些队员一看这场面又把手收了回来，腼腆的他们害怕了，一向没有自信的他们一定觉得自己没有竞争力。这样的局面是我不愿意看到的，特设岗位就是为了要让更多的队员融入中队组织，不能再让这些刚刚燃起的希望瞬间破灭啊！这些岗位是我特设的，也许还有我没想到的，队员每天都在集体中，也许还有我没有关注到的地方，也许还有他们自己愿意为集体做的事情，满足了自己的意愿才能更好地服务于集体啊。我很激动，队员今天给了我这么多的启发。我笑着宣布："这些特设岗位下课后我贴在班级，大家可以根据自己的特点来选择适合的岗位。这些岗位是我一个人想出来的，还不够全面，如果这里没有你想做的事情，那么请你告诉我，咱们可以为你量身定做适合你的特设岗位。"此话一出，教室里沸腾了，尽管有些队员觉得不可思议，但是只要他们有积极参与工作的希望，我的第一目标就达成了。“学服务”才是这节活动课的核心内容。

二、怎样去服务

有了岗位，怎样能做好服务工作呢？我从“以身作则、团结合作”两个方面出发，用故事的形式，将这两个内容串联起来。

案例一：以身作则

明明是班级的纪律委员，他学习成绩优异，每次做作业做得很快。可是做好作业的明明像只猴子一样总是坐不住，一会儿转到后面和同学说说话，一会儿歪着屁股在翻抽屉。有一次自修课，老师不在，明明就当起了小老师管起纪律来。只听见明明不停地喊着：“不要讲话了，安静点。不要讲话了，安静点。”可是教室里还是乱糟糟的，很多同学都不听明明的指挥。

我在讲述故事的同时，出示了相应的漫画，队员看得很开心。故事一说完，就有人迫不及待地举起了手。“明明自己都管不住自己，怎么能管得住别人啊！”“他得自己先管管自己才可以啊！”队员犀利地指出了问题所在。这个问题在中队管理中很常见，很多队员认为自己是担任中队委或小队委的职务就可以管其他队员，从来没有想过自己该怎么做。“以身作则”是做好工作的必要条件。

案例二：团结合作

在阐述这个条件时，我请队员听了第二个故事《五根手指的争吵》。故事里的每根手指都说自己的本领最强，听完故事后，请队员谈谈自己的看法，让孩子们懂得“团结”和“各有所长”的道理。为了深化这个道理，我还请队员做了游戏。我拿出事先准备好的乒乓球，请一个队员用一根手指拿球，很显然无法完成，接着再用两根手指、五根手指继续完成。游戏做完，孩子自然意识到有些事情必须要五根手指团结、共同协作才能把事情做好。队员热情高涨，但是无法让每个队员都来尝试，于是我临时起意，请他们试试用一根手指、两根手指、五根手指拿起自己的铅笔盒，再由此及彼地引导队员思考中队的工作。队员明白了，仅仅靠集体中的少部分人是不够的，中队的工作要大家一起完成。

在了解了“以身作则、团结合作”两大工作原则之后，我又提出了三道难题请队员帮助解决。

1. 兰兰是钥匙保管员，可是这天夜里她突发高烧，第二天只能请假在家。她便委托妈妈一早去教室开门。这样的小干部，你喜欢吗？

2. 明明是卫生委员，有一天共有三个同学在放学后值日，其他两名同学打扫得很认真，明明最要好的朋友江江却挥舞着扫把在教室里玩耍，明明几次劝说江江都无效。但扫完地后，明明给三个同学都加了一分。你怎样看待明明的做法？

3. 小红今天忘戴红领巾，作为礼仪小管家的可可十分生气，她气冲冲地对小红说："谁让你丢三落四的？你不戴红领巾，班级会被扣分的。我一定要告诉老师去。"小红羞愧地哭了。另一位礼仪小管家妍妍说："别哭了，小红！我先借给你一条红领巾。告诉你一个好办法，每次将红领巾拿下时不要随手乱放，一定要放到书包里，这样上学时无论你怎样匆忙也不会忘记戴了。"这两位礼仪小管家谁的做法更好呢？

这三个难题分别包含了"责任心""公平心""助人心"的内容。令我印象深刻的是第一个难题，我设计的本意是让孩子们看到兰兰的责任心，她的做法是可取的。但是出乎意料，队员反对兰兰的做法，认为生病也得自己来开门，以免耽误大家进入教室学习。我很惊讶，不断地启发他们，兰兰发高烧了呀，没有办法来啊。可队员固执己见，认为自己不舒服，可以提前委托同学代理，妈妈并不是我们中队的一员，兰兰的做法是没有责任心的表现。我听了他们的想法哭笑不得，但是转念再想，我设置这道难题的目的是什么呢？不管队员对兰兰的做法如何评价，但有一点可以肯定，他们都认为"有责任心"是做好岗位工作的前提条件，只要他们能认识到这点就够了呀。因此，我总结道："兰兰的做法是否是最合理的，我们课后再继续讨论，但是我们可以肯定的是，作为岗位负责人必须得有责任心。"队员非常认同我的观点，不住地点头。在教育孩子的过程中，也许会时长遇到这种情况，但是只要总体目标得以实现，具体行动的细节因人而异，并不能要求每个人都按我们既定的方法去做。

三、收获与感触

经过这一课，不仅中队队员有收获，我也有收获。队员收获了"服务"意识，而我收获的更多。我认识到，所有的队员都想为中队服务，无关他的成绩、他的自信程度，只要你给他一个平台，他都愿意为大家服务。在这节活动课后，有很多队员自动请缨为中队服务，他们申请的岗位里有很多都是我平时忽略的。有队员申请做"卫生角整理员"，她说这个地方容易乱，而且不被重视；有队员申请做"讲台整理员"，她说值日生并不会时刻关注讲台，有时老师来看到乱糟糟的讲台，会心情不好；有的队员申请做"物品领取员"，他说自己力气大，什么都能搬得动，而且可以保证班级的教学用品齐全。他们的申请如此平凡而又美好，我欣然接受了。

我意识到，在一节活动课中，少先队辅导员除了要精心地准备、设计自己的活动课例，还得真正让学生在课堂上“活动”起来，不仅是身体的活动，还有思维的活动，要让思维活动还得掌握一个“放”字，让队员在合情、合理、合法的目标范围之内畅所欲言、自由驰骋，他们定会给你惊喜。

校园里，校园外
——让文明礼仪伴队员走出校门

张　翠

一、问题的缘起

我们学校七年前开始了以“校园文明礼仪”为特色的课题研究，取得了很好的成效：校园内秩序井然，队员相处和谐，队员的行为、习惯有了较明显的改观。但是，我们很快就发现，队员走出校园，就出现了一些不和谐的现象，比如说有队员损坏校门口的公共自行车，有队员在马路上追逐、打闹，还有队员在路边摊购买零食后将垃圾随手扔在路边，更有队员践踏草坪，等等。这样一些不文明的现象，引发了我们的思考：为什么队员在校内、校外的表现反差如此之大？但是，我们细想一下，也不难发现，在小学校园内，大队部设有红领巾文明监督岗，学校有规范示范班评比，班级有辅导员老师盯着，但是孩子们一走出校门呢，就没有对他们进行监督的人了，小家伙们自然而然地就会放松对自己的要求。

记得我在一次赴京培训学习中，一位专门做德育研究的教授指出，当今社会公共教育约束力的缺失，让我们的学校教育显得苍白无力。在这种情况下，学校承担的教育任务就需要再延伸一些，更多地关注公共礼仪教育。不但要让队员知道该怎么做，为什么这么做，更要让他们懂得分辨不文明的现象，理解好的礼仪、习惯对周围人的影响，对他们今后学习、生活的意义，努力做到让良好的文明、礼仪习惯伴随队员走出校门，走上社会，走向未来。

二、方案实施及效果

（一）活动目的

通过活动使队员领悟社会主义核心价值观的内涵，帮助他们初步树立正确的价值观。

懂得要从平时的一点一滴做起，注重公共礼仪，用实际行动践行社会主义核心价值观。

（二）活动准备

队员准备：①搜集关于社会主义核心价值观的资料；②跟随校园广播站中“每周一曲”栏目学习社会主义核心价值观的歌曲；③准备相声、视频。

教师准备：多媒体课件。

（三）活动过程

1. 感知社会主义核心价值观的主要内容

首先，主持人讲话，齐唱歌曲引入本次活动主题。图片出示社会主义核心价值观的内容（富强、民主、文明、和谐、自由、平等、公正、法治、爱国、敬业、诚信、友善）。

效果：通过为期一周的广播站播放音乐，队员可以通过歌曲了解社会主义核心价值观的内容。

2. 做文明、守礼的队员

表演相声《文明队员》，辅以课件展示队员平时养成的良好习惯。询问队员社会主义核心价值观与我们生活的关系，通过相声的形式，在一问一答中，让队员知晓只有养成好的习惯，才能做到生活和谐、文明。听完相声，再欣赏视频《变色龙》。

（四）活动效果

这一部分队员将社会主义核心价值观与队员平时的点滴表现结合在一起，肯定队员平时的良好表现，树立正确的价值观。

（五）讨论、指导实践

在班级QQ群发起投票，所设置的题目包括乘车礼仪、旅游礼仪、影院礼仪、社区礼仪、用餐礼仪、待客礼仪等，请队员现场参与，对照社会主义核心价值观，让队员用手中的鼠标选择自己该怎么做，为什么这么做，根据投票结果，树立正确的认识。

效果：他们做得对不对，到底该怎么做？队员能够在活动中树立正确的认识。但是没有了学校的规章制度的约束，队员很难养成习惯，队员通过自主思考，共同确定标准，更容易引导队员形成正确的导向。

队员有了正确的价值观，可以用这样的价值观来衡量自己的行为是否正确，当然也可以用来衡量父母的行为是否正确。展示一组图片，让队员说一说，哪里不符合正确的价值观，你会怎么劝说父母。

父母对队员的影响是很大的，只有队员有了甄别的能力，才能使队员在学校习得的好习惯服务于队员一生。

三、问题再思考与反思

通过以上活动的设计，让队员熟知社会主义核心价值观，并对照该价值观，衡量自己以及周围人的行为，充分调动队员的积极性，使队员知道应该怎么做，为什么这么做。活动使队员懂得从平时的一点一滴做起，在校内、校外都要争做文明、守纪的好队员，用实际行动来践行社会主义核心价值观。

活动结束后，通过问卷来了解老师、家长、队员对活动效果的评价。

弹性“预设”，善待“生成”

——少先队活动课目标的“预设”与“生成”

张　瑛

热爱祖国是少先队活动课例中贯穿始终的一大主题。在七年级的这节少先队活动课设计中，我主要是让少先队员分别从发现家乡变化，感知家乡变化，展望家乡变化三方面去开展本节活动课，从而感悟到祖国的伟大，引发少先队员对祖国的热爱之情。大家都知道，少先队活动课是有计划、有目的的教学活动，少先队辅导员在教学之前要对活动课进行精心预设。而实际的活动课堂是辅导员与少先队员、少先队员与少先队员之间不断交往、互动的场所，是个体或群体之间知识、个性、情感不断碰撞、整合、调适的场所。这就要求辅导员老师必须要根据变化的情形，不断地调整自己的行为，根据自己对活动课堂上各种信息的综合把握，及时做出判断，采取得当的措施，从而有效、巧妙地解决生成性的问题，建构充满生机、生成、开放和具有活力的课堂，达到实际的教育作用。

九月的某天下午，我佩戴着鲜艳的红领巾向703中队的教室走去。还没进教室，就听到里面一片鼓掌声和欢呼声。

我走进教室就听到少先队员七嘴八舌的谈论声：

“今天下午这节课是……”

“咦，教室里面怎么会有队旗?”

“看，中队长在准备什么?”

……

我走上讲台：“请大家安静！今天下午的这节课是一节少先队活动课。首先，请全体少先队员注意了，我们今后每半个月都会举行一次少先队活动课，每节活动课都由你们做主，由你们的中队长主持。上个周五，中队长应该已经让大家自由组成活动小队，在周末完成一项调查作业了吧？下面，我们请中队长上台，主持本节少先队活动课。”

703中队中队长Mike走上讲台，大声宣布：“本节少先队活动课正式开始。全体起立，奏队歌，出队旗……”

中队长请第一小队的队员上台来展示他们小队在周末的调查成果。只见第一小队的队员带着U盘，胸有成竹地走上前来。队员Jack熟练地操纵鼠标，打开PPT。PPT中呈现出不同的照片，队员Lily向全体少先队员娓娓道来："大家现在看见的是我们小队在周末调查的'家乡变化——绿色生活'。图片一是我们在小区里发现的绿皮大肚废旧衣物回收桶。大家有没有注意到，它们出现在我们身边也就是这一两年的事儿。以前可从未见过它们的'身影'。再看图片二，这是我们在自助餐厅拍的几张照片，大家可以看见，餐厅里'不浪费粮食'的标语以及人们文明用餐的情景。图片三是我们小队队员各自在家中搜寻的节约用水照片：洗菜水冲厕所，清衣水拖地板，等等，我们的队员真正在家中过起了绿色生活。"

第二小队的队员上来展示的是"家乡变化——绿色出行"。第二小队的队员利用一个小短剧呈现了芜湖公共自行车和易开电动汽车的相关内容。第三小队队员向全体少先队员介绍了"家乡变化——绿色环境"的相关内容。

中队长Mike在三个小队分别陈述完各自的调查结果后向全体少先队员提出一个问题："为何我们的家乡会有这样的变化呢?"

教室里一下子活跃了起来，队员纷纷举起小手，踊跃发言。

Mark说："我们的生活水平提高了。"

Judy说："现在的人们更文明了。"

Harry说："人们现在更加爱惜我们生存的地球了。"

……

中队长Mike总结："我认为所有的变化都来源于我们祖国的日益强大。我们更应该好好学习，为未来更美好的祖国打好坚实的基础。下面请辅导员老师讲话。"

我走上前去，说道："首先祝贺今天这节少先队活动课圆满完成。通过三个小队的调查，我们发现了这么多家乡的美好变化。大家能够意识到我们的祖国正一天天强大，在世界舞台上的地位日益提高，我们的生活也越来越好，今后仍将继续向着更美好的方向发展！身为一名中国人，一名光荣的少先队员，我们应当热爱祖国，好好学习，为祖国更美好的明天准备着。"

最后，由中队长Mike带领大家完成退旗仪式，宣布本节队会课结束。

通过本节少先队活动课的开展，我认识到，只有正确处理"预设"与"生成"的关系，才能达成目标。首先，课前精心的预设是课堂精彩生成的基础。凡事预则立，不预则废。由于教学是一个有目标、有计划的活动，所以辅导员老师必须在活动课前有清晰、理性的预设，这也是有效开展活动课的前提，因此要重视预设。其次，由于课堂教学是一个动态生成的过程，因此再精心的课前预设也无法预知全部的课堂生成。在实际的活动课中，难免会发生诸多意外，但是只要我们有足够的心理准备，灵活应对，有时意外的“生成”也会成为我们活动课的一个预料之外的精彩之举！

总之，只有将课前预设与课堂生成进行有机融合，即弹性“预设”，善待“生成”，让课堂教学因预设而有序，因生成而精彩。这样，我们的少先队活动课教学才有活力。

第三篇

少先队员教育叙事

关爱队员的正确打开方式

胡素环

俄国教育家乌申斯基曾说过："如果教育学希望从一切方面去教育学生，那么就必须首先从一切方面了解学生。"的确，只有真正地了解学生，才能选择正确的方式关爱学生，才能使学生对你多一份亲近、敬爱与信任。我在从事少先队工作的过程中，有两件小事引发了我的思考，我深切地体会到只有真正从孩了的角度出发，才能完全了解和关爱他们。

第一件小事是这样的：某天的班会课上，我看时间还早就发了一张小试卷，想让队员利用剩余时间完成并且上交。试卷发下去后，其他孩子都在埋头做试卷，只有A同学在座位上发呆，我朝他走过去。他看我朝他走过来，磨磨蹭蹭地打开铅笔盒，慢腾腾地写了几个字，一副无所谓的样子。我走过去拍拍他的肩膀，小声地嗔怪："你又在干什么？还不赶紧写？"听完我的话，他依然不紧不慢地做着自己的事情，没有一丝要抓紧的意思。看到他那个样子，我实在是气不打一处来。A同学平常就很懒散，"不捣乱"是我对他唯一的要求，所以我索性离开了。没想到，我刚转身走到另一组，就听到一声咆哮，班长呼的一声站起来，把书往地上一摔，歇斯底里地吼道："你再说一句试试！"孩子们被突如其来的喊声吓一跳，吃惊地看向他们。作为老师的我同样也愣住了，心想：好大的火气啊！再细细一看，发现原来是A同学和班长之间发生了冲突。班长与A同学是同桌，此刻的A同学正红着脸，闷不作声。班长品学兼优，而A同学学习成绩差且表现不佳是公认的事实。本来今天A同学不认真做试卷的行为已经让我有些恼怒，现在又开始欺负我们班的女班长——实在太可恨。我想也没想就当着全班同学的面对A同学直接呵斥道："跟我去办公室！"他还是一句话不说，低头和我去了办公室。来到办公室后，我稍微平息了怒火，问道："刚刚班长为什么向你发那么大的火？"他依旧是低头不语，嘴角微微有些颤抖，欲言又止的样子。"你这样，我就只能请家长了。把你妈妈的电话号码告诉我。""我妈妈不在家。""那你爸爸呢？"他很快告诉我父亲的电话号码，我也立刻拨通电话联系到了他的父亲。我从和A父亲的对话中，了解到A同学的父母早就离异，妈妈是外地人，离婚后回老家再嫁了。电话中A的父亲一个劲地说着“抱歉啊”，“平时没时间管他”，“非常感谢老师”之类的客气话。我挂上电话后，一抬头突然注意到A乱糟糟的头发，不太干净的衣角，一副灰头土脸的模样，衣袖口上甚至还有一摊黑色中性笔的笔油，这些细节是我平时从未注意过的。突然，我开始心疼起这个令人“头疼”的学生了，但我还是严厉地告诉他：“以后不准欺负同学，作业要按时完成，现在你可以回教室了。”他默默地离开了。事后我了解到：原来那天是班长用嘴吹笔芯，一不小心全都弄到了A同学的衣袖上。A同学不高兴，就拿起笔要在班长身上划几下，没得逞便轻声骂了两句，班长很生气，于是才有了我们所听到的来自班长的那一声怒吼。知道事情的原委后，我有些惭愧：为什么没有弄清事情缘由就果断地认为是A犯了错，且只叫了他一个人到办公室？从那以后，我常常会留意这个孩子，他总是一副沉默寡言、灰头土脸、脏兮兮的样子，我甚至发现他小小年纪就已经开始有些驼背了。A同学是一个学习成绩比较差的孩子，我知道他经常受到同学的嘲笑，我想他是自卑的。我忍不住想到：一个总是低着头、弯着腰走路的孩子，他的骨骼必然会变得弯曲；同样，一个自卑的孩子，在人前人后抬不起头来，他的心灵也必然会出现不同程度的扭曲。对于A来说，昂起头来走路，昂起头来做人，是多么重要！单亲家庭的孩子更孤独、敏感、自卑，需要我们每一位师者用智慧去“阅读”。我愿用我的真心打开他们的心扉，用爱心读懂他们，让他们重新展开翅膀在蓝天中自由翱翔。

如果一个孩子在犯了错误后常常遭到训斥，那么他就生活在批评中，他就学会了谴责。如果一个孩子在犯了错误后常常受到鼓励，那么他就生活在鼓励中，他就学会了自信。每个孩子都是一本书，是一本需要我们耐心品味的书，是一本需要我们用大量时间去阅读的书。他们中有的心理脆弱，情绪易波动，几个简单的词语或一个不经意的动作都会对他们造成伤害，哪怕是一次不当的批评，也可能严重挫伤孩子的自尊。此后，我改变了对A的偏见，见到他总是微微一笑，渐渐地他也会朝我笑笑并向我问好。其实，每一个孩子都是一块璞玉，作为老师，应该努力去雕琢，使它永久焕发光彩，而不是半途而废。孩子千差万别，有的一点就通，有的死钻牛角尖。对于后者，教师需要有足够的耐心，不厌其烦地帮助他们，忍忍忍忍。外国有句话：“罗马不是一日建成的。”学生的转化也是如此，因此教师必须有“滴水穿石”“绳锯木断”的恒心。

第二件小事发生在我很忙碌的一段时间内。那段时期，少先队的工作让我每天忙得晕头转向，幸好有几位懂事的少先队员帮我分担了不少工作。为了对她们表示感谢，我特意买了一些零食奖励她们。我把她们叫到办公室，把零食给了她们，亲切地说道："这段时间非常感谢你们的帮助，大家都辛苦了，这是老师奖励你们的。"几位队员都是女生，有些害羞，笑着说："老师，没关系，我们都愿意帮你分担。"我从她们脸上的笑容感受到了她们内心的喜悦，只觉得心里美滋滋的，因为我用自己的方式表达了对她们的关爱和感谢。她们每个人依次说了声"谢谢老师"，然后带着零食像快乐的小鸟一样离开了。没过多久，一阵断断续续的抽泣声引起了我的注意。这不是我刚刚奖励过的一位队员吗？她刚才还是笑容满面的，现在是怎么了？有队员气愤地告诉我：我刚刚奖励给她们的是一个大包零食，让她们几人回教室自己分，由于分配不均，几个人起了争执。我先是愣了一下，紧接着安慰那个哭泣的小姑娘，又把其他几位队员叫了进来。我认真又严肃地告诉她们："没有为你们提前分配好零食，是老师的疏忽。你们应当彼此谦让，彼此分享，怎么能够如此斤斤计较？现在你们不仅不能开心地吃零食，而且还损害了友谊，这样值得吗？"几位队员听了我的一番话，可能意识到了自己的错误，头垂得更低了。我让她们回去重新分，如果还是意见不统一就到我这来，我来帮她们分配。她们悻悻地离开了。队员走后，办公室的同事又好心告诉我："你不应该给她们零食，你不知道学校明令禁止学生带零食进校园吗？"我听了心里特别不是滋味，原本一件开心的事却由于自己的疏忽让大家都不愉快。我不仅忽视了学校的规章制度，而且队员因此闹了矛盾，破坏了队员之间的友谊。我不禁反思自己对学生关爱的方式是否出现了偏差：我只顾按照自己的想法来表达对队员的感谢，没有从队员的实际情况出发，考虑什么才是最适合的方式，真是弄巧成拙啊！

通过亲身经历的这两件小事，让我感到作为一名老师，即使努力关爱、尊重每个学生，还是会不可避免地出现失误。这时，我们不妨先退一步。退一步，并不是不敢面对困难，而是冷静地面对，理智地思考，找到解决问题的突破口；退一步，更不是软弱无能，而是春风化雨，寓大爱于无形。只有用一颗善良、宽厚、真挚、热诚的心包容学生，才能化干戈为玉帛，让学生在老师处理问题的过程中自我反省、心悦诚服。我们不能一味地将对学生严厉、严加管教当作对学生的关爱，也不能把关爱当成纵容，没有节制地付出，正确的关爱应该是严慈相济的。很多时候，学生就像鱼，老师就像水，学生们可能看不见老师心里的想法，但只要真心地去关爱他们，他们一定能感觉到，因为我们在他们的心里。

错发试卷背后的故事

倪 菲

故事发生在去年秋天。一次考试后，我分发试卷，杨磊同学拿到他的试卷后告诉我，那不是他的试卷。我急忙接过试卷，发现此张试卷上确实写着杨磊的名字，但细细一看，该试卷的成绩是75分，字迹有些潦草，我对杨磊的字迹比较熟悉，他写字工整，与这张试卷上的字有很大的区别，事实证明这的确不是他的试卷。于是，我手举试卷问同学们："杨磊的试卷不见了，请仔细看看自己的试卷，谁拿错了请到前面来换一换。"

孩子们瞪大眼睛，静静地坐着，仔细看着手中的试卷，没人应答。过了大约两分钟，我见孩子们没回应，再次重复了刚才的话，又过了两分钟，依旧没人回应。这就怪了，难道杨磊的试卷不翼而飞了？我几次提醒，孩子们都没有回应。于是，我把试卷拿到眼前，仔细地观察。我发现写名字的地方有橡皮擦擦过的痕迹，再定睛一看，发现橡皮擦擦过的地方是另一个学生的名字——李军，虽字迹模糊，但还是能看出蛛丝马迹。看到此番景象，我已心知肚明了，立马让李军拿来试卷，他拿来的试卷是95分，试卷上写名字的地方也有明显的涂改痕迹，试卷上的名字由"杨磊"换成了"李军"。我指着杨磊手中的试卷，和颜悦色地对李军说："这试卷是你的吗？"他面不改色，回答非常坚定："老师，那试卷真的不是我的。"我见他非常坚定，于是提高了嗓音再次问他："你仔细看看，这试卷真的不是你的吗？"他见我又一次追问，急忙回答："老师，那试卷真的不是我的。"但是这次我明显地感到他声音里少了几分底气。趁热打铁，我使出了"招数"："请你把原题的答案，写在旁边，你的字比以前漂亮多了，老师想向你学习学习。"他见我要他写字，不敢伸出自己的手，急忙指着自己手里的试卷说："老师，这张卷子似乎不是我的。"这次，他的语速明显慢了，声音低了。我让他看着我的眼睛，实话实说，再说一遍。终于，他又一次开口指着我手上的试卷说："老师，这张试卷是我的。"我非常诧异，用手摸摸他的头问："为什么要把别人的卷子占为己有？"他眼眶湿润："因为每次考试后，您都会让我们把卷子带回家给家长签字。每次考试考差了，爸爸都要打我。”于是，他弓着背，撩起衣服，“老师，你看，我背上还有上次考试后爸爸打我留下的痕记。”我一看，果然如此，他背上有木条子留下的痕迹，我的眼眶湿润了，摸着他的手说：“孩子，还痛吗?”他摇摇头。

他回到座位后，我的心情久久不能平静……我让家长签字的目的无非是为了让家长了解孩子最近在学校的学习状况，让他们督促孩子学习，促进孩子成长。可这样的做法，却让孩子害怕了。于是，我对孩子们说：“不愿意把试卷拿回家去签字的同学请举手。”一只只小手举起来，越来越多，越来越多，我傻眼了，原来有这么多孩子不乐意让父母签字，真是出乎我的意料。我忙追问：“为什么?”“每次考试后，我爸爸只签名字，看都不看试卷，没意思。”“我妈妈每次见我考差了就打我手板，离一百分每差一分就打两下，我恨妈妈。”“我也是!”“我也是!”……我接着问：“没挨过打的请举手。”小手又一次举了起来，我环视教室，有三分之一的孩子都挨过打。

教育家陶行知先生说过：“千教万教，教人求真；千学万学，学做真人。”请家长给孩子的试卷签字，造成了家长和孩子之间的隔阂，扭曲了个别孩子的心理，逼着他们说假话，做傻事，这已经违背了我们请家长签字的初衷。于是，我做出了一个重大的决定，对全班孩子宣布：“从今以后，试卷不拿回家签字，卷子上的错题自己改了就行。老师相信，从今天起，你们都会做诚实的好孩子。”话音刚落，教室里立刻响起了雷鸣般的掌声，李军的脸上也露出了灿烂的笑容。李军的事让我有了新的感悟：只要老师学会聆听每一个孩子的想法，尊重每一名学生，学会接纳，赞赏每一个学生的观点，让每一次师生间的对话成为教学中又一次捕捉灵感和调整教学方法的开始，如此，我们的教学一定会充溢着灵动的智慧，洋溢着人性的光辉，散发出夺目的光彩。

我们都是好朋友

吴梅海

一、故事起因

他，上学期刚从本区另一所学校转来我校。报名前一天，他妈妈和我约好到校谈谈他之前的学习和生活情况，我答应了。他从小生活在幸福的大家庭中，父母辈兄弟姊妹八人全部成家生子，只有他一个男孩，其余七家全是女孩。爷爷奶奶辈的老人把他奉为家族的宝贝。别人听他的，那是应该的；要他听别人的，那要看他心情如何。他到了上幼儿园的年龄，一张能说会道的小嘴加上阳光可人的外表，没少被老师带着“抛头露面”，去过很多地方，见了不少世面，这也造就了他“我啥都见过”的“英雄气概”。上了小学，他依然保持“大侠”风范，不管上课还是下课，想说什么就说什么，想做什么就做什么。满教室的同学，他无视；上课的老师，他直接忽略不计。下课别人和他一起玩，必须按他的想法办，别人不和他玩，他就恶作剧……直到别人都躲着他，老师也被他弄得无计可施。父母看在眼里，急在心里，决定给他换个环境，所以来到我们班。“老师，我自己的孩子我知道，他实在太淘，还要麻烦您多关照啊！”他母亲临走时对我说。“看来，这是个‘小淘’，以后我得多留意这个孩子了。”我心想。

第二天一早，我和他说明了到校上学的基本要求后，便向全班同学介绍他，全班同学以热烈的掌声欢迎他加入班级。一天很快过去，一切正常；又过一日，天下太平。我舒了一口气。一天下课，有同学对我说：“老师，唐笑在班级走廊上摔了一跤，现在在哭。”“唐笑现在怎么样？”我边走边问，快速来到走廊。唐笑站在那里，摊开双手，无助大哭，而他无辜地站在一旁。我查看了唐笑全身上下，并无大碍，只是掌心蹭破了点皮。

事后我问起了缘由，“老师，我在走廊上走得好好的，他突然从我后面推了我一把，我才摔跤的。”唐笑委屈地说。我找来他，问他为什么推别人，他说：“我下课在走廊上跑步，他挡了我的路，我当然要推他了！”我问：“唐笑知道你在他后面吗？你有没有请唐笑让一让？”他说：“我没说，我不知道他知不知道。”“老师，他什么话都没说。”唐笑更委屈了。我上前一步，作势推倒他，说：“我要从这儿经过，你挡我路了。”他看着我不说话。“你喜欢我推你吗？”我问。“不喜欢。”“假如你是唐笑，你喜欢别人连个招呼都不打就来推倒你吗？”“不喜欢。”“那你为什么要推唐笑呢？”“他挡了我的路。”“这路是你家的？”“……”“这路只有你能走，他走不得？”“……”“走廊是跑步的地方吗？咱们跑步要在哪儿跑？”“在操场。”

我拉起他的手，轻轻抚摸他的手背，看着他的眼睛认真地说，“当你想对别人做什么的时候，请把自己和别人换个位置，考虑下自己是否喜欢别人这样对你，好不好？”“好。”他点点头，抽回手，进了教室。

二、解决方案

他是个单纯而又可爱的孩子，在家“天下第一”的地位和幼儿园的随性而为让他有点不知道作为小学生的自己应该处于什么位置，没有了“一呼百应”，也没有了随心所欲的环境，应该怎样适应小学阶段的生活是他目前碰到的一个难题。尽管他的愿望是那样简单：我只想和他们一起玩！但是他却不知道采用正确的方式融入集体。作为中队辅导员的我幸好及早发现了问题的症结所在，并寻找办法帮他走出困境。没有人能代替孩子成长，更多的时候，我们只是作为孩子心灵成长默默的守护者。我们应学会去关注孩子的德行养成，让孩子拥有自由成长的和谐氛围，让孩子拥有“主体的、内在的、文化的”德行体验，从而建构起自己的德行素质。于是，我决定召开一次班队会，通过因势利导、就事论事、打开心门、角色互换几个环节来教育学生。

三、实施行动

（一）因势利导

上课铃响了，这本是一节语文课，我临时决定改成班队会课，主题为“我们都是好朋友”。

第一项：谁是你的好朋友？你为什么愿意和他（她）做好朋友？小组讨论后派代表发表看法。

第二项：除了你的好朋友外，班级还有哪些同学和别人友好相处被你看到了，想表扬一下他（她）的，请站到讲台上，大声说出你想表扬同学的名字，同时大家要给予被表扬同学热烈的掌声。

（二）就事论事

第三项：你觉得我们身边还有哪些同学做得不够好的，举例说明，顺便给他提提建议。

“老师，我想给我们班新来的他提个建议，”快嘴的小郑说，“我们昨天在沙坑边玩堆宝塔的游戏，他一下子就把我们好不容易堆好的宝塔踩坏了，我希望他文明一点。”接着，其他同学也纷纷站起来说出了自己的想法。

“他昨天拽我辫子，老师批评他了。我建议他管好自己的小手。”

“我下课从他座位边经过，他看我过来，就把腿伸出来，我差点摔跤。”

“他早上把手伸进我脖子里，说是暖和一下。”

“我们玩跳皮筋，他老是捣乱。”

“他……”

所有的“矛头”都指向他，提出了对他的不满。我示意大家安静，示意他站起来。

“大家说的都是事实吗？”我问。

“是的。”

“为什么会那样？”

“我只是想跟他们一起玩，他们都不跟我玩。”

多么简单而又纯粹的愿望，只是不知道如何和同学相处，因为这不是家里，不是这个“小皇帝”“呼风唤雨”的地方。

（三）打开心门

第四项：他已表明心意，他要怎样做，你就愿意和他成为好朋友？小组讨论后派代表汇报。

第五项：他说说自己的想法和打算。

（四）角色互换

第六项：你希望自己拥有什么样的朋友？

“通过今天的班队会，我想同学们都知道了怎样和同学友好相处，他也说出了自己的心里话，如果他以后有需要你们帮助的地方，我想你们一定会伸出热情的双手！如果愿意和我一起玩，请记得叫上我哦！”我总结道。

下课了，欢笑声又在校园里回荡。

四、故事反思

中队辅导员工作是一门艺术。它需要中队辅导员有织女的细心，一针一线地绣才能绣出锦绣华章；还需要有铁匠的韧劲，一招一式都尽显力度；更需要他有玉工的恒心，切磋琢磨尽显章法。

苏霍姆林斯基说："请你记住，你不仅是自己学科的教员，而且是学生的教育者、生活的导师和道德的引路人。"学生不是流水线上的产品，而是活生生的人。每一名学生的家庭背景不同、经历不同，导致他们性格迥然，是不能用同样的方法去塑造的。

现在，我还一直在课上课下观察着他和班里的每一位同学，看到他们阳光的笑脸，愉快地嬉戏，认真地学习，于我来说，是一种享受。

有人曾把教育比作森林，我很赞同，森林非常美，它的美在于到处都是鸟语花香，每一朵花都开放，每一只鸟都歌唱。不论是娇羞的花儿，还是不起眼的小草，还是啼啭的百灵鸟，生活得都很幸福。我的班级就像森林，我的学生就像森林里的鸟和花，教育者应该让每一只"鸟"纵情歌唱，让每一朵"花"吐露芬芳。

如何教育爱“借”东西的孩子

黄 静

2015年9月，学校安排了一个三年级的班级给我，并任命我为班主任，这是我人生中第一次当班主任。一方面，我忐忑不安，害怕自己无法完成班主任复杂、烦琐的工作；另一方面，我充满希望，期待这个班级在我的带领下越来越好。每次接手新班级，总有些调皮的小朋友会给我留下深刻的第一印象，雨就是其中的一位。她一头短发，留着参差不齐的刘海，有一双大眼睛，让我想起了以前公益广告中的那位“大眼睛”。但是，广告中的那位“大眼睛”充满求知的欲望，眼前的这个大眼睛女孩上课时却是个“话多多”。很快我发现，除了不认真听课，她还有一个坏习惯：“借”同学的东西。同事告诉我，他们对雨最深刻的印象是她的脸上经常有被打的痕迹，据说，她的爸爸妈妈离婚了，雨和爸爸一起生活。

一次，雨“借”了同桌四元钱。在我的再三追问下，她告知我“借”钱的缘由：她的爷爷生病了，爸爸回老家照顾爷爷。爸爸临走的时候留给她50元钱，并且将她寄养在邻居阿姨家。爸爸出门已经1个星期了，还未回来。听她说完，我心里有些难受，我对她说：“如果有困难，可以向邻居或者老师寻求帮助，不可以私自‘借’别人的东西。”当时的雨流着眼泪，似乎将我的话记在心头，认真地点了点头。随后，我和她的爸爸取得联系，她的爸爸很快就回家了。

一天，雨突然递给我一封信，说是她写给我的，她在信中表达了对我的喜欢，希望我一直教她。虽然信中有错别字，有用拼音代替的字，但是我感受到了她的真诚。我仍然记得最后一句话：我，雨，永远不会忘记您的！当时我内心暖暖的，觉得雨懂事了。

出乎我意料的是，雨并没有就此结束她“借”东西的行为。她“借”了A的文具，“借”了B的水杯，还“借”了C的新手表……家长们也向我反映孩子经常丢东西。我相信，这并不全是雨的过错，但是我也知道，雨脱不了干系。对她多次教育无果后，我真的生气了，将她带到办公室，让她反思。我丢给她一张纸，让她写出自己“借”过的所有东西。她写满了整张纸。于是我决定和她的爸爸好好谈一谈，就将他爸爸请到了办公室。她的爸爸告诉我，他们是从外地来的，雨的妈妈离开后，他一个人带着孩子很不容易，他上班很辛苦，有时候还要上夜班，所以没有很多时间照顾雨。雨从很小的时候就喜欢“借”她爸爸的钱，然后去买零食或者一些漂亮的发卡。

送走雨的爸爸，我仔细地分析了一下雨爱“借”东西的原因。雨的爸爸收入有限，不能很好地满足孩子在物质方面的需求，而雨希望和身边的同学一样有漂亮的衣服、美味的零食以及有趣的玩具，当她的愿望无法得到满足时，她选择了通过“借”来得到自己无法从爸爸那里得到的东西。同时，雨缺少妈妈的关爱。爸爸不但没有耐心地教导雨，给予雨更多的关爱，反而使用简单、粗暴的教育方式对待雨。在这种环境中成长的雨，可能就意识不到“借”东西是一种错误行为。我想，我眼中的雨并不是个坏孩子，我作为她的老师，要帮助她。为了纠正雨爱“借”东西的坏习惯，我采取了以下措施。

和雨谈话。通过和雨谈话，我想让她明白，偷窃行为实质上是失去大于得到，表面看来，她虽然得到了某物品，但失去了同学和老师对她的信任。这样，别人就会把她当成坏孩子，如不及时改正，长大后极有可能走上犯罪的道路，后果难以想象。改正错误的唯一办法就是要正视自己的缺点，勇于承认，勇敢地和自己的缺点斗争。

用爱心感化雨。雨家境不好，她容易对一些东西感兴趣，物质欲望得不到满足，便自然想到了去“借”。我想，作为雨的老师，我有责任在物质上给予她一些小小的帮助，比如适当地为她添置学习用品，给予她鼓励和偏爱。

观察雨的行为。纠正雨的行为偏差，不是一朝一夕的事情，需要花费大量的时间和精力。这种不良行为难免反复，我要善于发现并及时引导、教育她。

经过我们一年的努力，雨在班级里“借”东西的次数越来越少。

我想，我会增加和雨的爸爸的交流次数，对雨付出更多的爱与耐心，寻求更加科学、有效的教育方法。

一位哲人说过：“写在纸上的爱，一个早晨就可以读完；说在嘴上的爱，一转身就可以忘记；唯有老师和父母的爱是写在大地与天空，藏于心底的。”我知道，要成为这样一位拥有大爱的老师和少先队辅导员，我还有漫长的路要走……

用心去读“抓”老师辫子的学生

潘祥虎

当前，加强和改进未成年人思想道德建设是一项重大而紧迫的学校德育工作。“关爱学生”是教师职业道德核心之一，教师要尊重学生人格，平等、公正对待学生；对学生严慈相济，做学生的良师益友；要培养具有良好道德品质的下一代，以师爱引导学生健康成长。

上学年开始，听说603班有位男生名叫赵某某，性格偏执，常做些“违规”的事情，以前教过他的老师都对他束手无策。接手603班的女班主任陶老师对他更是格外小心，不敢“得罪”他。我是分管学校德育工作的副校长，关注赵某某的成长自然是我的分内工作。于是，我在课间经常对他留意观察，他长得白净，个头不高，瘦小，但眼睛机灵，语文、数学成绩并不差，他的成绩在班上属中等水平。

新学期开学后近一个月过去了，赵某某倒也还算乖巧。但渐渐地，赵某某显出了他的“庐山真面目”——“违规”行为开始出现。陶老师最近经常向学校行政处反映班级难管理，还说赵某某上课经常讲话，爱做小动作，时常做些鬼脸，引起全班学生哄笑。尤其是每天早晨，赵某某总是迟到，有时进教室后竟开始旁若无人地吃早点，当他进教室经过陶老师的身后时，学生们会发出笑声，陶老师也不知道是怎么一回事。

为了了解情况，我叫来班长问个究竟。班长告诉我，赵某某经常迟到，经过讲台时会做出抓陶老师辫子的手势，还做着鬼脸，逗大家发笑。“真抓到过陶老师的辫子吗？”“没有，都是做样子。”我听后，若有所思：他是不是想以“报复”老师的动作来实现心中的某种需求？

第二天，正巧是由我负责行政值日，早上巡查全校各班后，我又来到603班。经陶老师和学生同意，我坐在靠墙第一组第一张座位上，我把身姿压得低低的——我要给赵某某好好“上一课”。上课铃声响过，赵某某还未进入教室。几分钟后，一声“报告”从门外传入。陶老师“请进”的话声刚落，只见赵某某右手抓着早点，大步跨上讲台，走到陶老师身后时，眼睛斜视着老师的大粗辫，伸出左手，正要"故技重演"，没想到我已在他身后，抓住了他悬在半空的左手。他傻眼了，不敢动。我想：如果我是个文弱的女老师，他可能会有所反抗的，因为我是个男的，他才不敢反抗。我让他解释为什么这样做，他动了动嘴唇，却说不出话来。为了不影响正常教学，我叫赵某某下课后到我办公室来。

下课后，赵某某慢吞吞地来到我办公室。他垂着脑袋，已全然没了刚才那得意的样子。我不露声色地说："赵某某，听说你不只一次做这样的动作啊？""我经常这样，老师都没说我什么。"他把头低着，有点局促不安，正准备迎接我的"暴风骤雨"。"那你为什么要这样做呢？"赵某某默不作声。我心想：他的动作可能事出有因。我缓和了语气说："你不要有顾虑，老师是在和你谈心，有什么想法你照实讲，我会为你保密的。"

他轻轻舒了一口气，开始慢慢说了起来："我有时忘了交作业，陶老师就说我懒惰，不写作业，其实我真写了；我有时上课前玩一下小玩具，陶老师就说我不可救药；我有时迟到，陶老师就说我是迟到大王……老师，你说，我是有缺点，但也不像她说的这样一无是处吧？"

我渐渐听出了赵某某话中的意思。原来，陶老师对他的批评全被他记在了心里，成了他心中的伤疤，他觉得陶老师对他有偏见。我对他说："我明白你的心思了。陶老师不经意间的批评让你觉得她对你有偏见，是吧？"

他点了点头。

我又说："我会和陶老师沟通一下，让她注意教育方法。我相信她不是故意嘲讽你的，我一定会提醒她改变方法。"

他感激地看了看我，说："老师，我隔空抓她辫子，只是想发泄一下心中的不愉快。其实，我是不敢真抓的。"

我说："你心里有委屈，要找出气的地方，老师可以理解，可这是在课堂上呀，这样做是对老师的不尊重啊。如果有人在公众场合经常对你妈妈做这样的动作，你会怎么想？"

他诚恳地说："我知道错了，以后不会这样做了。"

为了让他真的意识到自己行为的不妥，我故意说："赵某某，如果我将你的表现告诉你爸爸，他会大失所望的吧？"我知道他爸爸是位退伍军人，有涵养，望子成龙，对他管教严厉。

"老师，别……千万别告诉他，他要是知道了，肯定会揍我的。我知道错了，以后我再也不这样做了。”他变得有点结巴。

我说：“能认识到错误是好的，但仅仅知错不行，还要改正！我可以不告诉你爸爸，不过，你今天是不是应该向陶老师道歉，表个决心呢？”

他同意了，并主动写起了保证书。看来赵某某不是个顽劣的孩子，我心想。

写完保证书，我让他坐在椅子上，鼓励他说：“听说你成绩不算差，说明你有潜力，希望你勤奋一点，用好的表现让大家关注你，好吗？”

他点点头。望着有所醒悟的赵某某，我也看到了希望，借机指出他存在的其他缺点，希望他以后不要迟到，改掉早上在班级里吃早点的习惯。回到班上后，他主动找陶老师认错去了。事后，我也特意和陶老师交流了教育学生的方法问题，陶老师意识到自己的言语无意间伤害了赵某某，表示要多了解学生，不能盲目批评他们。

见赵某某有点小男子汉的特点，为了促进他进步，第二天，我向陶老师建议，让赵某某做班级路队举牌员，每天上下午放学时举着班级引导牌带领同学站好路队走出校门。他听说是我建议让他做举牌员后，跑到我跟前，怀疑地问：“潘老师，让我做举牌员，能行吗？”

“只要你改掉不好的习惯，老师和同学们就会喜欢你的。只要你努力，你就会闪光。”

他激动地说：“潘老师，我听你的，我一定不再‘抓’陶老师的辫子，一定改掉不好的毛病！”我知道他被我感化了。

后来，直到那个学期结束，赵某某虽有时仍与同学发生小冲突，但总体表现越来越好，每天放学时端端正正地高举班级引导牌带领全班同学走出校门，他在班上违反纪律的事也难得听见了。他甚至还被选上参加了弋江区阳光体育运动会的跑步比赛，虽然比赛名次一般，但我认为这是他人生长河中难忘的一段经历。我多次在巡查中到603班对他给予肯定与表扬，希望他再接再厉。看到他那白净、可爱的小脸上绽放出的灿烂笑容，我很欣慰，也很高兴。

六月底，六年级毕业考试的一天中午，我在小区遇见了赵某某。他远远地叫“潘老师好！”我很自然地和他聊了起来，问他中午能吃几碗饭，他头直摇：“老师，我吃饭不行，只能吃一碗。”“只要吃得合理，不挑食就行。”快到学校的时候，赵某某说：“老师，当初要不是您耐心引导我说出自己的心里话，宽容我的错误，我可能会破罐子破摔的，谢谢您！”

教育不能没有爱，犹如池塘不能没有水。感人心者，莫先乎情；育人心者，莫非于爱。一个成功的少先队工作者，在于用德来滋润学生，用情来鼓舞学生，用心来唤醒学生，用言来激励学生。

处理赵某某“抓”老师辫子的事情，让我感悟：倾听，能走近孩子的内心，从而去做孩子的引路人。作为一名德育工作者，对学生的“违规”表现，要学会冷静思考：到底是学生错了？还是我们定的“规”错了？或者是我们的观察与评价出问题了？所以，用心去读学生的行为表现，是一个成熟教师应有的素质，正如陶行知先生所言：“真教育是心心相印的活动，唯独从心里发出来，才能打到心灵的深处。”

悦纳每一个学生

周　敏

教师是最幸福的人，因为他看到孩子们一天天长大成人，有无比的成就感，拥有这种幸福感的教师才能成为一名好教师。而作为一名少先队辅导员，每当有人问起我，大队辅导员的职责是什么？我会毫不犹豫地回答：我们的职责就是培育社会主义祖国合格的建设者和接班人。只有把这项有意义的事做得更有意思，才能润物无声，滋养生命。只有悦纳每一个学生，懂得将有意义的事情做得有意思，才能真正领悟少先队活动的真谛。爱身边的孩子们，用眼、用心，你就会在为师的道路上惊奇地发现，每个孩子都是“金苹果”，才会真正享受到作为一名教师独有的“幸福”。

一、享受课堂改变带来的幸福

记得我刚接手这个中队时，总想摆出一副严师的姿态，希望学生怕我，进而会在我的课堂上认真听课，课后认真完成作业。在课堂上，我不厌其烦地一一指出及纠正学生所出现的各类错误，几乎所有学生的错误都会被我找出。我们班有个胆小、内向的孩子，由于接受能力弱一点，课堂上总不爱举手，低着头一言不发。因此，我有意识地请他回答问题，可他回答问题的声音很小，甚至站起来一言不发。有时候我心里一着急，还免不了批评他几句。一段时间后，我开始觉得他在课堂上的表现不对劲，越来越沉闷。我陷入了沉思，找他谈话后才知道原因：是我过分严苛的纠错，挫伤了他学习数学的积极性和信心。通过向周围同学和其家长交流，我了解到他的最大的爱好是折纸。一张普通的纸片在他的小手里折来折去，一会儿就变成了纸鹤、青蛙、草帽等。了解到这一点，我在班级里向全班同学介绍了他的这个特长，并请他作为小老师现场教同学们折一些小动物。他刚上讲台时涨红了脸，很不好意思，在我的再三鼓励下，终于饶有兴味地边折边讲，虽然话语不是那么通顺，但是自信的火花却在他眼中闪烁着。下课后，我又找到他，鼓励他每个人都有自己的长处，我们应该自信地展示自己，尽量克服学习上的困难，争做一名优秀的学生，在学习上也要相信自己可以做得更好。我想，当全班同学都竖起大拇指，向他投去赞美的目光，佩服他的折纸技能时，他的自信之花也在他心中随之绽放。

教育需要悦纳。一个孩子，一个世界。每个孩子都是含苞待放的花蕾，需要我们精心呵护；每个孩子都是独一无二的，需要我们会心的微笑和友善的目光，更需要我们的鼓励和赞美。作为教师，只有先让孩子喜欢你，才会让孩子爱上你的课堂，爱上你所教的学科。正所谓美丽的教育一定要让学习成为孩子们的一种享受，一种期待。

二、享受学生进步带来的幸福

我们中队还有一位“小调皮”，说起他来，全年级的人都知道他。小小年纪就会“察言观色”，经常欺负弱小、恶作剧，犯了错误也总是极力找借口为自己开脱，行为和思想一直掉队。班主任和我这个配班老师对他无计可施，真可以说得上是改错快、犯错更快，同学们也对他敬而远之。可是改变就在不知不觉中发生了：我校要开展一项活动并参加市级比赛，需要一个能说会道的孩子担当重任，正愁找不到合适的人选。我在心里琢磨着，我们中队的这个“小调皮”，嘴皮子了得，不知道可否一试。我把这个想法和班主任沟通了一下，班主任也认为可以让这个孩子试一试，我们就把他推荐给了学校。在参加排练前，我再三叮嘱“小调皮”要遵守排练纪律，并对他说：“你是代表班级的，一定要为班级争光，这一次千万不要辜负老师对你的信任，老师相信你。”通过一段时间的排练，“小调皮”渐入佳境，老师们和同学们都对他在活动中的表现赞不绝口。正式演出顺利结束后，我又找到了“小调皮”，对他的表现给予了肯定和赞扬，对他语重心长地说：“孩子，你看，这次你给了老师很大的惊喜！原来你可以做得很出色的，原来你可以做到让别人对你刮目相看的！既然你能做一个让别人称赞的人，那为什么不让自己成为那样的人呢?”经过了那次的事情后，现在的“小调皮”在课堂上有了很大改变，能够遵守课堂纪律，收起自己的小性子，渐渐融入队集体中。希望“小调皮”还会继续他的改变之旅，带给我们更多的惊喜，“小调皮”加油！

我想，希望得到别人的肯定是每个人的天性，更何况是孩子。一句积极的评价就是鼓舞孩子奋发向上的强大动力，孩子建立了信心，对待各种事物的态度也就会越加积极。每个孩子心中都睡着一个好孩子，我们身为教育者，就是要唤醒孩子们心中的那个好孩子，唤醒那个积极、向上的孩子。

三、享受阳光教育带来的幸福

古人云："亲其师而信其道。"孩子在成长的过程中不只需要阳光雨露，他们更需要真诚的心和无私的爱。我在和队员接触和交流的过程中，时刻提醒自己：绽放微笑，让他们靠近你；宽容以待，让他们接受你；公正公平，让他们佩服你；以身作则，让他们尊重你。还记得今年元旦前，我带领新队员开展入队仪式之后，队员纷纷在留言簿上写上自己的新年愿望。当我看到那行稚嫩的字——"我祝周老师长生不老"时，幸福的泪水溢满眼眶。那一刻我沉浸在爱与被爱的幸福之中。

大队辅导员的工作光荣而神圣。在这阳光般耀眼的岗位上，只有我们把有意义的事做得有意思，我们的少先队工作才会更具价值，那些有意思的事才会显得更有意义，我们的红领巾事业也必将走向更加辉煌、灿烂的明天！

我做辅导员时的两个故事

杨时勤

我做少先队辅导员已经快30个年头了，这期间许多的事情已经随岁月流逝，唯有几件小事刻骨铭心。

那是二十年前一个寒冷的冬天，乌云密布，朔风刮了一天，雪花漫天飞舞，花坛被盖上厚厚的“棉被”，树枝被雪压得“咯吱咯吱”作响，一不小心，树枝断了，洒下一大堆雪花。放学了，别的老师和学生陆续回家。此时，我陪着一个名叫大喜的学生，在村卫生室输液。大喜的爸爸妈妈在外地打工，他和七十多岁腿有残疾的爷爷住在一起。大喜躺在病床上，痛苦的表情让我心生怜悯。输液快结束的时候，大喜身上出了许多汗，高烧也退了。外面白茫茫的一片，我脱下棉衣让大喜穿上，背着他深一脚、浅一脚地往家走，好几次差点儿跌倒。背上的大喜用微弱的声音说：“老师，让我下来走吧。”我喘着粗气对他说：“好大喜，没事，这点儿小事还能难倒咱俩?”就这样，我俩跌跌撞撞，不知过了多久，终于到了大喜的家。大喜的爷爷见了，一个劲儿地谢我。后来，大喜考上了重点大学，并留校任教。大喜给我来信说：“杨老师，您雪夜背我回家的一幕，我一辈子忘不了。我要像您一样用爱对待我的学生。”

每当回忆起这件事，我就深深地感到：爱是最好的教育。一名教师只有热爱自己的学生，才能教育好学生，尤其是作为一名少先队辅导员更应如此。语文学家夏丏尊先生说过，教育上的水是什么？就是情，就是爱。教育没有了情爱，就成立无水的池，任你四方形也罢、圆形也罢，总逃不出一个空虚。班主任广博的爱心就是流淌在班级之池中的水，时刻滋润着学生的心田。

作为一名少先队辅导员，我一直用自己的爱，滋润着一届又一届的学生，这就是以心换心。用自己的爱心唤醒学生的爱心，再让学生的爱心唤醒他身边人的爱心，让爱传递下去。

记得十年前的一幕：一位老大爷扛着一捆甘蔗找到我，对我说：“杨老师啊，您教的学生真懂事，有一颗金子般的心啊。我这捆甘蔗就是奖励他的。”我当时蒙了——怎么回事？老大爷见状，赶忙从衣兜里摸出一张纸条，递给我。我接过纸条，仔细一看，只见纸条上端端正正地写着：老大爷，昨天放学后，我村的一个小同学口渴了，从您甘蔗地里掰了一根甘蔗吃了。我知道后，批评了他，这是我卖废品的钱，替他还上，请您老人家原谅他。老大爷见我一脸茫然的神情，接着又说："杨老师呀，今天一大早，有一个小学生背着书包，从我甘蔗地边的小棚子走过，蹑手蹑脚地把一个小纸包丢在小棚子门口，就走了。我打开一看，里面全是一角一角的硬币，一共二元五角。另外，那个小学生还留下了您看的这张字条。我一打听，这个孩子是您班上的学生，所以，就找您来了。"我当时很是欣慰，多懂事的孩子呀，真正懂得了爱的传递。

这两个孩子，如今一个读大学三年级，一个读大学二年级，他俩还是铁哥们。那个掰甘蔗的孩子去年教师节给我发来一条信息："尊敬的辅导员杨老师，您把爱给了您的学生，而您的学生又用爱心唤醒了我，我在这里真诚地感谢您！祝您节日快乐！"后来，我得知这个掰甘蔗的孩子已经是学校志愿服务队的骨干成员了。

爱，是我们做人的根基；爱，更是我们少先队辅导员工作的核心。播撒学生心田爱，衣带渐宽终不悔。我们少先队辅导员就是要做爱的使者！

孩子，你快回来

章老师

2015年10月，我如愿地成了一名人民教师，第一次踏上教师的工作岗位既有些兴奋，也有些茫然。经过一个学期的磨合，在2015年寒假时，学校安排我接手三年级一个班级的班主任工作。当时的我虽内心充满希望，但更多的还是忐忑不安，因为这毕竟是我这个教育新兵第一次接触班主任和中队辅导员的工作。为了能第一时间掌握孩子的情况，寒假期间我多次和原班主任接触，了解班级状况。通过了解，我发现了一个棘手的问题：上学期，这个班新转来的一位队员成绩很不理想，完全跟不上进度，更令人担忧的是她经常偷别人的东西。

了解到这一情况，完全没有经验的我首先试图通过关爱能让她有所转变。于是，开学报到的第一天，我告诉全班孩子："无论你之前优秀与否，从现在开始又是新的学期，我们一起从零开始，认真学习。只有通过自己的努力，我们才能达成目标，获得自己想要的东西。"之所以这样做而没有单独和她交流，是因为我不想让她觉得在新老师的眼里她是另类，是被老师画上了符号的。没过多久，正如前任班主任所说，她又在班级里有不良行为。一次，她拿了班级徐同学的一部手机。我是通过丢失东西的学生家长了解到这一情况的。这位家长平时在家教育孩子：和同学相处时，不要因为别人学习不好就歧视别人，和每一位同学都要友好相处。正是因为受到了这样的家庭教育，徐同学看班级里很少有同学和她玩，就想和她做朋友。于是，徐同学经常和她一起玩。这天，徐同学像往常一样回家，可是回家后发现手机不见了，她以为是自己弄丢了，便让爸爸拨打自己的手机。打了很久，终于有人接听了，可是没想到接电话的竟是她的爸爸。后来经徐同学回忆，当天放学后，她在教室里等徐同学一起回家。这期间，徐同学大意将手机放在了课桌上，后来忘记拿了。了解到这一情况后我找到了她。

我说："你知道老师今天为什么要叫你来吗？"

她说："不知道。"

"徐同学的家长打电话给老师了，老师希望你能主动告诉老师发生了什么事。”

她沉默不语。

“如果你不说，那老师说了。”

她依旧沉默不语。

“不管你出于什么原因，在不经过别人允许的情况下拿别人的东西是非常恶劣的行为。你年纪还小，可能是一时糊涂，老师这一次帮你指出错误，希望你可以及时改正，那样老师和其他队员还是会原谅你的。”

她开始哭泣。

我安慰她：“老师知道你也愿意改正自己的错误，对吗？这一次请你自己把徐同学的东西还回去并向她道歉，好吗？”

她点了点头。

处理完这件事之后，我觉得只和孩子进行沟通是不够的。同时，让我困惑的是，她的父母第一时间知道这件事后并没有主动和我联系，这让我产生了疑问。我认为了解一下她的家庭情况是很有必要的。于是，我联系了她的妈妈。她妈妈到学校后，我简单地向她说明了情况。在没有让孩子做任何解释的情况下，她对孩子一顿辱骂和拳打脚踢。那一刻我震惊了，同时作为一个母亲的我觉得这是个“可怜”的孩子。我赶忙拉开了她的妈妈，说：“您先停下，听我把话说完。每个孩子都会犯错，我们作为家长应该在发现她的错误时给予制止和引导，并在平时的生活中多关注她，而不是只靠责怪、打骂来解决问题。尽管您平时工作比较忙，可是也不能因此而忽视了对孩子的教育。我今天请您来，是希望通过这件事，您能给孩子更多的关心和关注，希望您能配合老师将孩子引入正途，您说呢？”家长平静了一下心中的怒火，表示工作很忙，但会尽量配合。送走了她的妈妈，我决定在以后的工作中多多寻找合适的机会去鼓励和开导她，同时也要不定期地联系她的父母，希望他们能在工作之余更多地去关爱孩子。

庆幸的是，经过这次事件，孩子没有再犯过类似的错误。我也适时寻找机会鼓励孩子，教育班级的其他孩子不可戴着有色眼镜看待她。

每个孩子都是一块璞玉，有美丽也有瑕疵。我在处理这个教育案例的过程中存在不足之处，但我真心地希望这个孩子能够通过这次的事情真心改过，做一个诚信的孩子。说到底，中队管理是科学，更是艺术，在这条路上还有许多需要我们学习的地方。

有“借”有还

杭 娟

一、案例形成背景

现在的孩子大都是独生子女，大多娇生惯养，因此许多孩子表现出自控能力较差，对自己喜爱的物品有强烈的占有欲。在孩子小的时候，家长们往往更注重孩子对物质的需求，而忽略了对孩子行为习惯的养成教育。对于孩子的一些顺手牵羊的行为，有的家长没有引起重视，没有及时制止并进行教育，使得孩子没有意识到那是错误的行为，从而使孩子养成了一些不好的行为习惯。

二、案例介绍

五月份的一个上午，我刚跨进教室，张颖匆匆跑到我的面前，满脸沮丧地说：“老师，我放在书包里的漫画书不见了，那可是妈妈刚给我买的。”说着，眼泪就扑簌簌地掉下来。我吃惊地问：“什么时候丢的？”张颖边抹眼泪边说：“就是刚才的课间，我出去玩了一会儿，回来漫画书就不见了。”这时，另一个学生向我举报：“我看到××同学趁张颖出去玩时翻了她的书包。”旁边立刻就有同学附和：“××同学平时就爱翻别人的书包、文具盒。”我一听可恼火了，真想把她揪来，狠狠地训斥她一顿。我转念一想：不行，处理这种事还是要讲究策略的，在未弄清楚事情之前，不能在全班学生面前询问她，一旦处理不好，这个污点将会压得孩子一辈子都抬不起头来，我冷静下来，决定寻求一个好的解决方法。

三、教育过程

（一）列举事例，鼓励孩子自己承认错误

早上第四节课是班会课，我在讲班级最近出现的不良现象时有意地讲了一个有关偷窃的故事：说的是一个小孩从小爱偷东西，妈妈没有管，结果孩子长大成了一个真正的窃贼，被判刑入狱。我以此告诫学生：小错不改正，必将酿成大错。我在讲的过程中特意留意了一下××同学，只见她坐在那儿愁眉不展，局促不安，头都不敢抬。我趁热打铁说："拿张颖漫画书的那位同学肯定是一时好奇，老师相信她不是故意拿的，希望这位同学在放学后能及时把这本漫画书送到我的办公室，老师一定为你保密。"

放学后，我正在办公室改作业，××同学小心地推开门，磨磨蹭蹭地走了进来，手上还拿着一本崭新的漫画书。"老师，我做错了，书是我拿的，我以后一定不拿别人的东西了，请老师替我保密。"看着孩子那通红的脸，我的心里忽然感觉到很欣慰，高兴地说："有错能改就好，老师相信你，一定不会再犯这样的错误了。"看到她眼中闪动的泪花，我想她肯定明白了我的良苦用心！

第二天上课时，我把漫画书还给了张颖，并且告诉孩子们这位同学已经知道错了，我们要给别人一个改过自新的机会。同学们纷纷表示赞成，这时，我看见××同学紧张的脸上露出灿烂的笑容。

（二）家校沟通、互相配合

事情处理完之后，我悄悄地和该同学的爸爸进行了一次沟通。把事情的原委如实地讲述了一遍，通过和她父亲的交谈，我对××同学拿别人东西的行为进行了分析，总结有以下几点原因。

1. 强烈的占有欲

据家长反映，××同学占有欲很强，从小就有拿别人东西的坏习惯。例如，在幼儿园就经常带别的小朋友的发卡回家并声称是捡到的。家长看东西不值钱，也没在意，久而久之，使孩子养成了乱拿别人东西的坏习惯。

2. 家庭条件不好

××同学家庭条件不太好，看到其他同学拥有好的、漂亮的东西时，她想要，又怕爸爸不给她买，于是就产生了"偷"的想法。

3. 父母关系破裂

××同学的父亲告诉我，××同学的妈妈最近正在和他闹离婚，丢下小孩离家出走了，他一人又要上班，又要接送小孩，忙不过来。孩子平时的需求得不到满足，在一定程度上导致了××同学拿别人的东西。

在交谈中，该生的父亲意识到问题的严重性与自己为人父的失职，并表示今后一定要经常抽出时间与孩子沟通，并在一定程度上满足她的合理要求。

（三）给予关爱，树立信心

和她父亲交谈后，我深深感受到孩子内心的无助与自卑，于是经常利用课间与孩子交谈。在一次次谈话中，我不断鼓励她，让她知道在老师心中她仍然是个好孩子。另外，我不断为她创造机会，让她更多地参加集体活动。通过出黑板报、体育比赛等活动，培养她的集体荣誉感和责任心，提高她的自信心，在活动中也让她更好地与同学和睦相处，感受集体的温暖。

四、教育效果

在家长、老师和同学的共同关心下，她慢慢地改掉了拿别人东西的坏习惯，一学期过去了，她再没有犯过这样的错误。在家里，孩子能较好地与家长沟通，表明自己的心声了。在学校，她有问题的时候懂得与老师交流，与同学商量了。

五、反思与感想

小学生在心理、身理各方面都还未发育成熟，明辨是非的能力也不是很强，此时的"拿"还算不上真正意义上的"偷"，当老师发现这种情况时，切不可进行心理打击、变相体罚、挖苦讽刺，更不能称之为"小偷"。一位心理学家曾说过这样的话："人们一旦被贴上某种标签，就会成为标签所标定的那种人。"是啊，孩子就像一张白纸，你给他贴上什么样的标签，他就会按照你贴的标签来塑造自己。我们不能因为孩子偶尔的错误行为，就给孩子贴上不好的标签，就像案例中的××同学，如果我当着全班同学的面处理这件事，再给她冠上"小偷"的头衔，将会给孩子心灵造成很大的创伤，甚至对她的整个人生产生一定的负面影响。

孟子说："人之初，性本善。"其实每一个孩子本性都是善良的，当他们犯错误时，教师要用爱去唤醒她的良知。在教育中，要对孩子多一些鼓励与耐心，要蹲下身子跟孩子讲话，要设身处地为孩子着想，去帮助他们改正缺点。只要对他们多一份关注，多一份爱心，一定会将他们引到正确的人生道路上来。

让诚实在尊重的土壤里开花结果

胡 燕

泰戈尔说："爱是理解的别名。"工作了17年的我真实地感受到这句话富含的哲理。一个热爱学生的教师，肯定会给予学生充分的理解和尊重，一定会和孩子们成为知心朋友。

我自入职以来，一直担任班主任，近年来学校又将少先队辅导员的工作交给我。可以说，我的学生管理经验伴随着我的整个教师生涯。我在管理过程中，有困惑，有辛酸，也有快乐，但无论我以怎样的心情面对这份工作和那群孩子，我始终以"尊重孩子"为工作的首要原则。

在我担任六年级班主任时，曾遇到过一次"诚信危机"。春暖花开时，学校组织各班级外出春游，这对于小学生来说是莫大的喜事。孩子们个个兴高采烈，充满期待。

"同学们，老师要跟大家讲述一下春游前的准备事项，大家可以保持安静，认真听吗?"

"可以!"同学们迅速坐好。

"……最后，明天每位同学都要带一百块钱作为春游费用交给老师，记住了吗?"

"记住了!"

古话说"好事多磨"，春游前夕果然出现了小插曲。第二天一早，就有一位女同学到我办公室泫然欲泣地对我说："胡老师，我带的一百块钱不见了，我记得明明放在书包里的!"我先安慰了一下这位同学，表示一定查出事情的真相，帮她找到钱。

随后，我来到班级走上讲台，就此事开了一个关于"诚信"的小型队会课。我说："全体同学，认为自己是一名少先队员的请举手。"全体同学举起了手。"好，手放下。认为自己是一名合格少先队员的请举手。"同学们你看看我，我看看你，还是全部举起了手。"很好，下面我们来讨论一下一名合格的少先队员应具备怎样的素质。”同学们列举了善良、乐于助人、热爱学习等，当有同学提到“诚信”时，我特意停顿下来，补充道：“诚信不仅仅是说到做到，也是知错就改，敢于改正错误的人比不犯错误的人更伟大。今天早上某同学告诉我，她的一百块钱不见了，如果有谁因一时糊涂拿走了，一定要在接下来的游戏中勇于改正。”我走下讲台与同学们一同背对讲台，按照座位顺序点名，被叫到名字的同学绕讲台走一圈，拿了钱的同学可以在绕圈的过程中将钱神不知鬼不觉地塞进讲台的桌洞里。不一会儿，全班同学都完成了绕圈。我忐忑地回到讲台，探头检查桌洞，惊喜地发现有一百块钱静静躺在那里。我悬着的一颗心终于落了地，兴奋地说：“我们班的同学果然是知错能改的合格的少先队员，你们都是我的骄傲。希望你们今后做事三思而后行，不仅要在事后做一个敢于改正错误的合格的少先队员，还要争取在事情发生前、发生过程中做合格的少先队员。”

自尊心是一种自己尊重自己、爱护自己，并期望受到他人的尊重与爱护的心理。自尊心人皆有之，并与自信心、进取心等密切相关。因此，教师一定要注意维护学生的自尊心，特别是对有问题的学生，切忌当众羞辱或体罚他们，迫使他们服从老师的意志。苏霍姆林斯基曾说过：“一个好老师，就是在他责备学生、表现对学生的不满、发泄自己的愤怒的时候，也要时刻记住：不能让儿童‘成为好人’的愿望的火花熄灭。”我们教师要做个有心人，遇事不能急躁，尝试将理解和尊重倾注在教育教学过程中，因为只有在尊重的土壤里，诚信方能开花结果。

爱的缺憾

周　燕

一、现象录入

下课了，一位文静、秀气的女孩走进了我的办公室。她就是五年级学生——圣小其（化名）。“圣小其，你到办公室来干什么？”作为班主任的我问道。她低头不语。我知道她又犯错了，便和蔼地说：“是不是作业没做？”她点了点头。“昨天我们不是谈好了要按时做作业的吗？今天为什么又没做呢？是作业太多吗？”我问道。她不敢正眼看我，仍低着头，说：“作业并不多。”我生气地说：“你为什么一错再错，总是知错不改呢？告诉我，你爸爸的手机号码是多少？我要找你爸爸谈谈。”她一听说要找她爸爸，就一边抽泣着一边说：“不要找我爸爸，他知道了，会打我的。昨晚我是想把作业做完，可是写着写着，我就想起了妈妈，我好想妈妈，好想妈妈能陪着我做作业。想着想着，不知不觉我就趴在桌子上睡着了。”

二、找出原因

我和她的爸爸深谈了一次。原来她生活在一个重组家庭中。父母离婚后，她跟着爸爸一起生活，妈妈常年在外地打工，如今又组织了新的家庭，很少来看望她。父亲知道孩子想念母亲，他常常因此觉得愧对圣小其，并按照自己的想法和方法补偿孩子：满足圣小其的一切物质要求，但对圣小其的校园生活不管不问。我曾因孩子的教育问题找过他，可他拒绝来学校面谈，理由是：怕自己控制不住打孩子。由于父亲心存愧疚的放任和母爱的缺失，在圣小其幼小的心灵里，滋生出一种对家庭、社会、人生的冷漠、悲观甚至敌意，因而使得她没有上进心，缺乏责任感。

三、采取措施

（一）用真情抚平受伤的心灵

爱学生，就必须走进学生的情感世界，必须把自己当作学生的朋友，去感受她们的喜怒哀乐。陶行知先生说，真教育是心心相印的活动，唯独从心里发出来，才能打到心灵的深处。

如何开启她的心灵之门，成了困扰我的一个难题。一个偶然的机会，拉近了她与我的距离。那是在元旦联欢会上，我看到她观赏同学们表演时的羡慕表情，就知道她也想参加。于是，我邀请她参加同学们的活动。她不仅跑得快而且动作敏捷，同学们都情不自禁地给她鼓起了掌，她羞涩地笑了。那一刻，我看到她脸上的红晕像绽放的花儿般灿烂、美丽！此后，我有意识地让她帮老师做些小事，让她感受到老师对她的信任与喜爱。渐渐地，她的笑容多了，课堂上变得专注了，发言积极了。

（二）用温暖感化柔弱的心灵

圣小其非常想念她的妈妈。为此，我让她给妈妈写一封信。在“学会感恩，孝敬父母”的队会上，我征得她的同意后，在全班同学面前读了她写给母亲的信，信虽然不长，但是她对母亲的情感却是真挚的。同学们对她的真情报以热烈的掌声，这让她在此次队会中感受到了集体的温暖。队会上，我还给了圣小其一个惊喜，为她拨通了母亲的电话，电话中，妈妈答应她十一长假接她出去玩，她高兴得泪流满面。

（三）用耐心呵护稚嫩的心灵

苏霍姆林斯基认为，对落后的学生进行教育是“一项长期的耐心的工作”，不是短时间内可以奏效的。“可能一百节课看起来都是毫无结果的，只有到了第一百零一节课，你才能看到儿童眼里放出第一颗火星。”因此，我认为要对圣小其有极大的耐心，用铁杵磨成针的态度教她学习，教她做人。

圣小其的不良行为让我看在眼里，疼在心里。我曾特意把她叫到办公室，耐心地问：“你为什么不写作业呢?”她告诉我：“上课不听，作业不会写，爸爸又辅导不了我。”对于这样一位学困生，我不抛弃，不放弃，首先帮她分析成绩掉队的原因。其次，课堂上让她回答难易程度适中的问题，并适时予以鼓励，使她信心大增，学习劲头越来越足。最后，我们还约定，每天下午放学后，她到我办公室完成作业后再回家，她高兴地点点头。后来，我和她的爸爸又长谈了一次，他表示非常愿意配合老师共同教育圣小其。从此以后，圣小其开始按时完成作业了，学习成绩逐步提高，学习的信心也逐步增强。

四、事后反思

一个孩子，需要来自父亲、母亲的爱，才能满怀信心，健康、快乐地成长。而单亲家庭的孩子却存在爱的缺失。这就需要离异后的双方更多地关心孩子。千万不要因为婚姻的破裂而溺爱孩子，而应以良好的心态去感染、教育孩子。与此同时，教师在教育过程中也要勇于承担起关爱学生的责任，促进学生在学校全面、健康发展。

教育如此美好

熊晴晴

“千教万教，教人求真；千学万学，学做真人。”这是我们每一个教育者的初心，但是我发现现在有的孩子越来越“难管”了：教师的说教往往显得苍白无力，极个别学生甚至对教师的说教感到厌倦并产生逆反心理。因此，教师的教育方式要改变，光靠一人的力量是远远不够的，得挖掘身边的资源——那一个个鲜活、灵动的孩子们，想办法将一个老师变成十个、百个，让教育的力量翻倍。

2016年6月的一个周一，小东的父母领着被小健打伤的小东来到我的办公室，细数了几年来小健犯过的错，义愤填膺地控诉小健是个缺失家庭教育的孩子，表示一定要小健对这件事有个令人满意的交代。

说起我们班的小健，老师们又爱又恨。爱的是他在课堂上积极发言，恨的是冲动的他与同学摩擦不断。

我先请双方家长及时地为小东治疗，确认无碍后，让两个孩子书面陈述了事情经过。结果就如同每个班主任遇到的打闹事件一样，孩子们都避重就轻。两人写的事件经过都是各说各理，各有委屈。显然，他们的认识是有偏差的，靠老师的批评教育只能治标不能治本。我想：能不能借此事全面解决班级打闹的常见现象，让孩子从根本上认识到自己的错误，及时改正错误？韩愈在《师说》一文中说得好：无贵无贱，无长无少，道之所存，师之所存。那么，就让我们身边的这些小伙伴，用眼睛去发现，用耳朵去倾听，用心灵去思考。

于是，在下午的队会课上，我让两个孩子分别述说了事件的经过，同学们也都发表了各自的见解，分析了打闹的危害。此时，我又让他俩评判各自的行为，双方争论之后达成了三点共识：第一，小健向小东道歉，承担他因为冲动带来的后果；第二，他们互相为辱骂对方带来的伤害道歉；第三，同学之间要互相尊重。

最好的教育是不教育，最好的说教是不说教。矛盾的产生都是源于彼此对事件的处理不当，要让关系和谐就要学会忍让、宽容、友善，而友善就是互相尊重、互相关心、互相帮助。倾听孩子的声音，静候花开的一刻。

把整个心灵献给学生

承亚萍

初来学校，我本着一颗仁爱之心对待每个孩子，但渐渐发现力不从心——孩子们不怕我。我觉得我对待学生的态度应当有所转变，要让他们惧怕我，以此来提升自身的威信。因此，我每天板着脸，最终我所期待的效果达到了，学生都开始怕我，但实际的管理效果却并未有很大改善。学生怕我的同时，与我的距离也越来越远，我方才意识到我对仁爱和威信的认识都出现了偏差。

近期，在我的班级中发生了这样一件事：有个孩子上课总是迟到，课上喜欢做小动作。为此，我每次都非常严厉地批评他。直到最近，我从他以前的班主任那里了解到，他是一个单亲家庭的孩子，和妈妈一起生活，他的妈妈因工作忙碌无暇顾及他。他从一年级开始就自己早起，叫醒疲惫的妈妈给他做早餐，然后自己坐公交车上学。多么坚强，多么独立的孩子啊！我却在不了解他的情况下批评他，我感到懊悔。在这之后的某一天，他又迟到了，我把他叫到办公室，没有再严厉地批评他，而是细细询问了他的情况，安慰他、鼓励他。那一刻，他的眼里散发出了一种不一样的光芒。当天上课时他坐得直直的，没有调皮捣乱，更让人惊喜的是，在接下来的数学考试中，他考了100分。这坚定了我实施以爱为核心的教育理念的信心。

通过这个事例，我把自己对后进生以及问题学生的辅导工作进行了反思与修正。第一，我做到了以正确的态度对待他们，深入调查，搞清他们成为差生的原因，并及时对后进生进行心理疏导。第二，我为后进生创造机会，让他们表现其优点和长处，及时赞扬他们，让他们品尝到成功的喜悦。第三，对于屡教不改的学生，我主要采用“两步走”的方法。第一步，对其进行耐心的教育。冰冻三尺非一日之寒，要想后进生的心解冻不是不可能的事，但也不是一两天就能办到的事。第二步，结合班级同学的力量，帮助其成长。我安排一个后进生和一个优等生同桌，他们后面再坐两名中等生，四人组成一个小队。这样，后进生就处在一个团队中，久而久之，团队的力量让他们明白团队的进步离不开个人的努力，后进生因此得到了其他三位小队员的关注，只要稍稍付出努力就有希望得到较大进步，甚至能够赶超小队内的其他成员。这样，后进生就有了努力的动力。

我想，今后的我还是应该不忘初心，用仁爱之心对待每一个孩子。作为一名少先队辅导员，我们应该心跟着孩子走，去感受孩子们那幼小的心灵，了解孩子内心的所思所想。当孩子心情不好的时候，也许我们的一个拥抱，一句轻轻的问候，就能使他的心暖起来。虽然我们有时无法揣测孩子的内心，也无法理解孩子们的喜乐与悲伤，但是我相信只要用心去了解、感受孩子们，孩子们终有一天会感受到这份爱的存在。

生活中从不缺少美，而是缺少发现美的眼睛，我会用自己的心去发现、了解我的每一个学生。“把整个心灵献给学生，做幸福、成功的老师”，这是我人生的灯塔，时刻提醒我未来的人生道路该如何前进。

让孤独的花朵绽放笑容

陶　静

常言道：一份耕耘，一份收获。教师是“人类灵魂的工程师”，在守候学生成长的路上，就要更加善于播种希望，收获成长，在这份收获中，涵盖了勤劳、方法与智慧。我认为勤劳在先，因为只有勤劳才能使智慧在实践中产生创造力。704班的学生普遍活泼、好动，这为我的管理增添了很大难度。但我没有退缩，因为我相信“付出总有回报”。本学期我班整体的进步可以用“飞速”这个词来形容，良好的班风终于形成了，每个学生都有强烈的集体归属感与荣誉感，懂得集体的荣辱与个人努力是分不开的，知道个人的进步为“班级目标”的实现提供了积极而不可忽视的推动作用。当然，这一切离不开我的引导，我就好似为孩子们点燃了一盏明灯，孩子们纷纷沿着光亮走向光明。

每一次成功的背后都存在各种各样的困难，我在管理704班的过程中，也遇到过一些困难，例如：在这群活泼、可爱的孩子中有个叫盈盈的女生，她整天闷闷不乐，很少说话，上课也不愿意听讲，仿佛整个世界于她来说都很陌生。她的性格使得她无法很好地融入集体。如果她的脸上也能绽放出笑容，对于班级的成长无疑是锦上添花。

本学期开学时，盈盈学习态度不端正，上课不听讲，自顾自地看杂志；不能及时完成作业；上课回答问题时声音很小，缺乏自信；桌面卫生一团糟……不过她很诚实，在我看来，这是她最大的优点。经过一年来对她的了解，我决定帮这个孩子改掉现有的毛病，但我想我的解决方案必须合理、彻底，否则难以根治她的毛病，甚至有可能引起她对我的反感。于是，我先找到孩子的父母，希望通过与他们的交流找到孩子的问题形成的原因。盈盈父母给我的答案让我不禁打起了退堂鼓，因为在我看来盈盈的心理问题相当棘手，甚至超出了我的能力范围。可是想到孩子的父母，想到孩子的未来，想到作为一名教育者的责任，我还是毅然挑起了这一重担。

其实，在盈盈的家庭中，爸爸、妈妈和弟弟都非常和善，我需要做的就是让盈盈勇敢地面对现实，使她真正感受到家庭和学校的温暖，打消自卑心理，重建信心。我开始与她的父母有了频繁的联系，告诉他们盈盈在校的学习状况以及心理状态，并要求他们无论工作多忙，晚上都要抽出时间与孩子谈谈心，听听孩子一天在学校的见闻，在学校中遇到的困难，等等，以此增强她的听、说、与人交流的能力和信心。

在学校，我对她实施渐进干预和心理辅导。我经常鼓励她，一发现她有所进步就表扬她。一天课间，其他孩子都去了室外活动，只有她一人躲在角落里读课文，声音不大却能看得出她读得很陶醉。我轻轻走过去，坐在她的旁边，此时，我与她之间的角度基本呈90度，我能清楚看到她脸上的表情。我牵起她的手说道："你愿意把课文大声地读给老师听吗？"她怯生生地说："我读得不好。"我又说："老师觉得你比以前读得好多了，进步很大啊！"她的脸上泛起一阵红晕。我趁机说道："来，老师和你一起读！"就这样，我们在空荡的教室中读起了课文，起先是我带着她读，慢慢地，变成了她一个人读。这时候的她发音比以前正确多了，流畅多了，更重要的是她的声音也比以前响亮了。在这以后，我常常让她在班上读课文给同学们听，她果然没让我失望，赢得了大家热烈的掌声。看着她兴奋的样子，我想我对她的教育初见成效，我感到高兴。

综合活动时，我尽量为她提供机会，让她参与节目演出。活动中的盈盈话语渐渐多了，笑声也多了。我想：对于她这样的学生，我们要更多地接近、关心、帮助她，让她感受到集体的温暖，而且这种关怀应该是无声的、自然的、默契的。现在我依然尽力为她创造参与活动的机会，她也学会在活动中和同学互动，从活动中获得快乐。

盈盈慢慢地接受了我的关心。她不仅为我制作卡片，还时常找我谈心，向我倾诉内心最真实的想法。我觉得我已经成了她的朋友，一个她可以信赖的朋友，我便抓住这一教育契机说道："爸爸妈妈工作辛苦吗？"她点点头。接着我又诚恳地说："爸爸妈妈辛苦工作是为了你过得更好，你所要做的就是加倍勤奋学习，这样你的父母才会感到欣慰，你才能得到同学的钦佩和老师的称赞……"她睁大眼睛看着我，看得出她的内心非常激动。我又和她讲了一些名人成才的故事，她一直听得很认真，听完后，她高兴地对我说："老师，我一定不辜负您的期望！"我笑了，她也笑了。

之后的日子里，她学习更加努力，课后积极参加班级活动。现在的语文课堂上，总是能看见她的小手高高举起，脸上还洋溢着阳光般灿烂的笑容。

盈盈的转变，让我意识到学生心理健康教育的重要性。我们的孩子心理承受能力还相对较弱，他们内心的困惑需要成年人帮忙解答。作为一名班主任教师，不仅仅是知识的传播者，更应该是学生心灵的塑造者，只有维护好了学生幼小的心灵，才有资格担当“人类灵魂工程师”的称号。所以，我们必须要懂得一定的心理知识，掌握一定的心理辅导技能，用“润物细无声”的方式帮助学生消除各种心理上的“迷惑不解”，从而使他们带着开朗乐观、积极向上的健康心态去迎接明天的挑战。

手机找到了

周老师

开学不久，班上王兵（化名）同学的妈妈给我打了通电话。她告诉我，她新买的一部价值七千多元的手机不见了。就在前一天，王兵带着三名同学去家里玩。之后，三名同学中的赵光（化名）总是问王兵同学新手机如何注册，如何使用等问题。于是，王兵妈妈认为手机被这三位同学带走的可能性比较大，尤其是赵光同学。王兵妈妈是一个通情达理的人，她只将此事告知于我，并嘱托道：手机虽然丢失了，但不能因为这件事对孩子的心灵造成伤害，给孩子留下心理阴影。

我钦佩王兵妈妈的大度，却又觉得她给我出了一道难题：查吧，棘手；不去查吧，也不对。真是一个两难命题。在这件事情上，我首先通过分析提出了自己的猜想：单纯的孩子往往不懂变通，一心认为只有手机的主人才知道手机的使用方法，因而时常向王兵同学请教手机使用方法的赵光同学成为我的重点怀疑对象。

为此，我特意调整那周队会的内容，将主题改为“诚信做人”。队会课上，我说道：“想要获得自己想要的东西必须依靠劳动，而不是通过侵犯他人的财产权利来获得一些东西。比如，偷拿别人东西是一件不光荣的事，但是如果由于一时糊涂犯了错误，是不是永远都不能被原谅呢？当然不是，只要知错能改就是好孩子。在我们中间，如果有同学做了不该做的事，可以去办公室跟老师承认并改正错误，我一定会帮你们保密。”我试图通过这种方式找到丢失的手机，而不是直接质问怀疑对象——赵光，因为我想通过匿名的方式对赵光同学进行保护。

几天过去了，不见人来，我第一次的劝导教育以失败告终。于是，下一次班会，我依然说了同样的话题。我说道：“天下事，要想人不知，除非己莫为，就算做了错事没有承认也难免不会被发现。比如，有人丢失了重要东西，拾到者并没有第一时间还给他，失主情急之下报警也是符合常理的。警察在调查过程中将会带犯罪嫌疑人到警局协助调查。如有同学因此被带到警局，该是一件多么不光彩的事情啊!”此次班会结束一段时间后，还不见有人来承认。

看来，使用言语上的劝诫根本无法解决这件事，我决定借用家长的力量。教师与家长的合作是教育连贯性的一种表现，但在和家长沟通的过程中需要照顾到家长的情绪，不可直接阐明自己的猜想，以防伤害到家长的自尊心，影响教师与家长间和谐的关系。于是，我打电话给赵光的家长，先是询问赵光近期在家的学习情况，提醒家长多多关心孩子学习，定期给予孩子力所能及的辅导。与此同时，我向该生家长指出过度玩电子游戏对小学生的危害，并提醒他多多关注赵光平时玩电子游戏的情况。第二天，我就接到了赵光家长的电话，家长在电话中说，赵光最近确实在玩手机游戏，据赵光说，手机是赵光的姐姐捡来的。一听此话，我立马说道：“即使手机是捡来的，也不能过多地玩游戏。”随后，我特意问道：“捡来的手机想必价值不菲吧?”话已至此，赵光家长已然明白我的用意，但出于对孩子的保护，还是申辩了几句。我趁机说道：“我班某位家长也丢了一部手机，既然赵光的手机是捡来的，不妨带到学校来给那位家长看一眼，如果正好借此找到失主岂不更好?”

第二天，赵光父母来到校门口，一再请求我前往校门口相对隐蔽处与他们见面。听到这样的请求，我的心里已明白了七八分。见面后，他们直接将手机交还到我的手上，并表示了歉意。我一看，手机果然与王兵妈妈描述得一模一样。我向他们表示了感谢，特意问需不需要安排两家家长私下会面，就此事好好沟通一下，赵光的父母坚决不同意，再三请求我不要将此事扩大。我只好尊重他们的意见并嘱托他们今后一定要告诉孩子“捡到”东西要归还，要靠自己的努力获得想要的东西。

接下来，我与王兵妈妈在校外见了一面，将手机交还到她手中。我向她提出了一些请求：第一，不要再追问究竟是谁拿了手机，剩下的收尾工作我来负责；第二，请王兵妈妈告诉王兵，手机是妈妈不小心弄丢了，而不是被别人拿走了，不要让王兵与同学之间产生嫌隙。王兵妈妈表示非常愿意配合我的工作。

又是一次班会。我说道：“我们班上的同学都是好样的。已经有几位同学向我承认了曾经犯的小错误，这几个同学，在我心目中变得更优秀了，因为承认错误也是需要勇气的。”一个月后，赵光同学终于走进我的办公室……

在这件事上，我始终想着保护学生。最终，王兵妈妈也不知道是谁拿走了手机，善意的谎言对解决问题起了很大的作用。另外，家长的配合也是问题得以解决的原因之一。因此，班主任在工作过程中应多多考虑到他人的感受，始终本着“尊重他人，保护学生”的宗旨处理教育问题。当然，在处理问题的过程中，班主任要尽量开动脑筋，试图用最为合理的方法取得最好的效果。

帮转学生适应新环境和培养好习惯

柯菲菲

一、问题的发现

2015年9月3日下午，新学期的第一天，我走进办公室刚坐下就有一对母子来到我的办公桌前，“请问您是柯老师吗？”我抬起头：“对，我是。”原来是本学期刚转学过来的学生Y和他的妈妈。

与Y的妈妈简单交流后，我将Y领到班级，Y整个下午与新同学相处甚好。好景不长，第二天课间就陆陆续续有学生向我反映，“Y上课时总是回头找我讲话”“Y刚刚故意撞我一下”“Y上体育课时把某某推倒了”……Y同桌的妈妈也向我反映：Y经常拉她女儿的头发，甚至摸她的脸。我一年级开始带这个班级，一年多来，尤其注重引导学生养成正确的习惯与交往方式，因此，以上所提到的问题从未出现过。而自从Y转来后，几乎所有的突发状况的“核心人物”都是这个孩子。我一度非常生气，但是冷静下来后，还是觉得应当用平和的心态去处理这件事，毕竟迫在眉睫的是对Y的教育工作。

二、问题的原因

对低年级学生的教育，离不开家校合作。因此，我第一时间与Y的家长联系，因Y的爸爸经商，没空管教孩子，所以我只能与他的妈妈交流。我从他的妈妈那里得知：一年级时，Y所在班级小孩打闹情况多发，Y常常被班级同学打到流鼻血；放学后衣服脏乱不堪；丢三落四……因是双职工家庭，平时放学都由“小饭桌”的老师接送，而“小饭桌”的学习环境较差，Y因此沾染了不少坏习惯。

了解到这些情况之后，我才越发觉得帮助低年级孩子养成好的学习习惯和行为习惯是教师教学工作的重中之重。基于环境因素，Y没能好好把握成长与学习的关键期，那么，在我的班级，我一定要努力帮助这个孩子回到正确的学习轨道上来。

三、问题的解决

(一) 制定对策与方案

经过一段时间和Y的相处，我发现Y心地善良，开朗外向，体贴懂事，而且特别愿意听我的话。在与他妈妈的几次交流中，我得知这孩子特别喜欢我，喜欢这所新学校，喜欢我们的班级。私下里，我也单独问过他，他说他喜欢我们学校漂亮、干净，更重要的是同学们在一起玩耍时很注意分寸，不会随意、恶意伤人，我们班的小朋友团结、友爱、淳朴、可爱，和他们在一起学习，没有人会欺负他。至于“经常拽同桌的头发”这一行为，从心理学上来分析，是因为他想要通过这种方式接近同桌，与她成为好朋友。“拽头发”是为了引起对方的注意，这在小学阶段是常见的寻求交往的行为，孩子们在相处过程中喜欢招惹对方，并不能算是有意伤害或是欺负。

但在不良环境中长时间的耳濡目染造成了他的学习成绩不理想，想要改变他，就必须从基本要素出发，循序渐进地改变他的纪律观念和学习习惯，以便他更好地融入新的环境中去。据我了解，Y的学习态度不够端正，松散马虎，语文、数学老师对他的评价是：作业字迹潦草、书写不规范，敷衍痕迹很明显。我想，这或许跟我个人执教重点有关。我要求学生做作业时，字迹一定要工整、规范，清秀大方。俗话说，字如其人，字写得好，不一定能证明你这个人多优秀，但至少说明一个人的学习态度很好，对自我要求不低。因此，我决定首先抓他的作业书写与卷面整洁度；其次，在学习过程中，慢慢帮他树立正确的学习观，培养良好学习习惯，端正学习态度；最后，循序渐进地消除他之前存在的问题，转变他的态度。

(二) 方案实施

1. 辅导性谈话

“遇到问题，冷静三思，沟通交流，畅所欲言”，是我处理班级事务的箴言。一年级时，我会介入学生间的矛盾冲突，帮助他们分析问题，解决问题。但到了二年级以后，他们需要学会自己分析问题和解决问题。因此，每当学生间产生矛盾，我首先让他们各自分开检讨，随后要求他们冷静地互相交流，直到他们发现自身出现的问题。学生只有在反省、自悟的基础上才能更快地成长。

几次谈话中，令我印象最深的是给他换了新同桌后的一次美术课上，为了让他的水彩笔继续出水，他猛地一甩，甩出的色彩为新同桌的衣服上了色，这让他的同桌大为光火，当即来到我的办公室告了Y一状。其实，这种情况在学校是很常见的，我也可以理解Y并非有意。我立刻联系了Y的妈妈，因为我觉得这件事情的处理需要有家长的协助，也将Y叫到办公室进行了一次师生间的亲切交谈。

我：早上美术课，美术老师要你们画什么啊？

Y：画树的年轮。

我：在画年轮的时候要注意什么吗？

Y：美术老师教我们根据树的粗壮与年数，画出来的年轮数目不同，而且形状也是不规则的，不能画圆圈，但是每一条年轮都是很规律排列的。

我：你知道那么多，看来听课听得很认真啊！

Y：画画很有意思。

我：所以你很喜欢美术课，是不是？

Y：（点头）

我：你喜欢画画，而且画得也很认真，对吗？

Y：（点头）

我：可是画画的过程中，也要注意和同桌有序合作，互不干扰，你知道今天发生了什么吗？

Y：（羞愧地看着我）知道，我把水彩笔里的水甩到同桌身上了，我是不小心的……

我：老师知道你是不小心的，所以我并不责怪你，也不会批评你。我只是想通过这次小意外，让你明白，有的时候你的无心之失可能就会让同学受到委屈，甚至会厌恶你，继而对你越来越疏远。你想看到大家都不跟你做朋友，孤立你，远离你吗？

Y：不愿意。

我：虽然这次纯属意外，但是毕竟是你的行为不对，不要忘了跟你同桌诚恳地道个歉。

Y：我知道了，我已经道过歉了。

我：知错能改，不逃避，勇于承担自己的过错和责任，这才是个小男子汉嘛！这次是你不小心，同学们却误会了你，可见平时你的确故意做了很多不好的事情，是不是？

Y：是。

我：你觉得他们会怎么看你呢？

Y：他们也有错，有时候是他们追着我不放，几个人打我一个。

我：好几次下课老师都看到是你先用手碰了别人，然后他们才开始追着你的，也有别的同学看到了，对不对？

Y：嗯。

我：老师只是希望你能跟同学们友好相处，要注意自己的方式和分寸，想要和他们玩，就友好地询问，他们一定愿意多个伙伴参与他们的游戏。你是个懂礼貌的孩子，在老师和爸爸妈妈面前你可以做得很好，为什么在同学们面前做不到呢？试着这么做，好不好？

Y：好的，我会努力改正自己不好的地方。

孩子都是可塑之才，主要看我们怎么给他一个缺口或是入口，让他自省。令我感到欣慰的是，那次之后他的不良行为少了。

2. 课后耐心地辅导

每天下午，他都自愿留在我办公室写作业，这也使我有机会和时间去辅导他。我不仅仅是他的班主任，也是他的语文老师。我有责任和义务帮他补缺补差，发现问题，解决问题。我首先从他的字抓起，他每天在我办公室练半小时的汉字，我逐一指出其书写的结构、笔画、笔顺问题，一段时间之后，他的书写明显有了改进。练完字就开始做作业，根据他的错题，我可以迅速地发现他存在的问题以及掌握不牢固的知识点。我耐心地把他不懂的内容重新讲解一遍，一段时间下来，Y的学习态度明显改善，上课规矩多了，举手发言的次数渐渐变多，字迹也工整了，学习成绩呈“爬楼梯”状态。

3. 实施的效果

赞赏和激励是促使孩子进步的有效方法之一。每个孩子都渴望受到教师和家长的重视，赞赏其优点和成绩，能使他们的心中产生学习效能感。Y的成绩明显提高，他的进步是我和同学们有目共睹的，这让我们很惊喜。

四、反思与讨论

作为一个老师，在学生心中树立威信很重要，威信即权威和信任。权威是建立在信任和喜欢的基础上的。老师要取得学生的信任和好感，必须要在沟通上多下工夫，因为沟通是双方互相了解的有效途径。通过沟通，一方面，老师可以了解学生的实际情况，进而采取合适的教育方式，达到因材施教的目的；另一方面，学生可以知道老师对学生有什么样的要求。在沟通的过程中，老师要处处关心和尊重学生，赏罚分明，公平、公正地对待每一位学生。同时，老师还需注意提升自己的文化素养，加强专业知识的学习和培养自己的幽默感，因为学生更喜欢知识渊博而又风趣、幽默的老师。

老师与学生之间的交流要有一定的距离，过于亲近会使学生觉得老师没有威严。学生对老师缺乏崇敬之情，往往不利于教育工作的开展。我虽主张老师要与学生之间保持一定的距离，但也不提倡老师高高在上地教育学生，相反，师生之间的对话应该是平等的，在平等的前提下保持师生间的距离，亦师亦友。

Y的行为偏差，一方面是受他曾经教育环境的影响；另一方面，也是由于家长不够重视孩子在关键期的发展。分析清楚问题的症结所在，“对症下药”才能有效根治孩子身上存在的问题。不可忽视的是，Y仅仅是一个二年级的孩子，身心和学习等各个方面都需要得到家长和教师的指导。我们要善于发现问题，帮助、引导孩子克服问题，从而接受新环境，接纳自己，认识自己。通过对Y的教育，我更懂得了怎样懂学生、爱学生，为学生解决问题。

留守的蝶儿

甘绍忠

德国哲学家卡尔·雅斯贝尔斯说过："教育的本质意味着，一棵树摇动另一棵树，一朵云推动另一朵云，一个灵魂唤醒另一个灵魂。"多年的班主任工作让我对此有着深刻的理解。我认为，班主任工作赋予我们更多的是一种爱赢得另一种爱的神圣使命。

"老师，我的爸爸妈妈在外打工，不能来参加家长会。"新学年的第一次家长会即将召开前夕，一个因并校刚转入我班的小女孩怯生生地站在我的面前。她叫熊雨蝶，今年十二岁。弱弱的声音，噙满泪水的双眼满是忧郁和委屈，晶莹的泪花跌落的是童年的欢乐，忧郁的眼神中流露出的是关爱的缺失。就在发出召开家长会通知的晚上，我收到了来自浙江的小女孩妈妈的电话："甘老师，我是小雨蝶的妈妈，真对不起，我和她爸爸在浙江打工，这次又不能参加孩子的家长会了。她的爷爷奶奶身体不好，也不能来参加家长会，请你多多原谅，多多关照。"电话那头的哽咽是那么负疚和牵挂，此时的我若只是批评和责怪他们会显得多么无情，能说的也只有安慰和承诺。

可怜的雨蝶同学不知因此有过多少委屈。家长会后，孩子们牵着自己的爸爸妈妈欣喜地走出校园，我看着小雨蝶孤寂而失落的背影，油然而生的是满怀的爱怜。

《留守的蝶儿》是我写给小雨蝶的诗，是中秋之夜给小雨蝶心灵的抚慰，更是"关爱留守儿童，构建和谐社会"的真情呼吁与责任呐喊。

留守的蝶儿

睡了吗　我亲爱的孩子
在这月圆的中秋之夜
山林里　夜莺的啼鸣

不会惊扰了你梦的安宁

睡了啊　我亲爱的爸爸妈妈
在这月圆的中秋之夜
吃了你们寄来的月饼
我的梦好甜好甜

睡了吗　我亲爱的爸爸妈妈
在这月圆的中秋之夜
工地上　机器的轰鸣
不会缭乱了你们梦中的思念

睡了啊　我亲爱的孩子
在这月圆的中秋之夜
枕着你发来的短信
我们的梦少了许多的挂牵

哭了吧　我亲爱的孩子
在这个团圆的中秋之夜
你腮边泪珠的晶莹
湿透了你童年的梦境

没有哭呀　我亲爱的爸爸妈妈
在这个团圆的中秋之夜
奶奶轻轻地捋着我的小辫
告诉我你们辛苦的打拼

哭了吧　我亲爱的爸爸妈妈
在这个团圆的中秋之夜
你黝黑而沧桑的脸庞上
滴落了无数的负疚和挂牵

没有哭呀　我亲爱的孩子
在这个团圆的中秋之夜
妈妈轻轻地揉着我的双肩
细数着你美好的明天

孩子啊　在这个团圆的中秋之夜
请理解爸爸妈妈无奈的选择
为了你的将来不再被贫穷阻隔
你必须学会忍受太多的童年孤独

爸妈啊　在这个团圆的中秋之夜
请听我泣泪的诉说
失去了太多的童年快乐
我的未来未必一定光泽
我要爸爸妈妈
哪怕三餐菜粥
我要童年的幸福
再不愿留守孤独

彩云的爱怜
把我的梦儿寄托
桂花的清香
让思念不再苦涩

今天的圆月哟
轻轻地揩去了滴泪的诉说
明年的圆月啊
一定悬挂在我家的院落

于是，五十二名孩子中我更多了一份关注和责任。

队会上，主持人保留了小雨蝶的节目；校园大舞台上，我牵着小雨蝶的手真情地朗诵，倾诉着孩子内心的渴望，排解着孩子内心的孤独，精心制作的视频也让远方的父母于欣慰中少了许多挂牵；课堂上，科任老师倾心关注，留给小雨蝶更多展示的机会；夕阳下，办公室里，科任老师耐心地辅导，让基础薄弱的小雨蝶重拾学习的信心。与此同时，小雨蝶也没有让我失望：参加小主持人社团培训；组织班级文娱活动；负责班刊的美术设计；帮助低年级小朋友出班刊；参加学校的画展……丰富的课余生活，各种才艺展示的舞台，让刚入校时唯唯诺诺、寡言少语的小雨蝶不再自卑，不再孤寂。渐渐活跃的身影，灿烂的笑容让留守的雨蝶找回了少年的天真，不断提升的学习成绩让全班同学都愿意和她交朋友，小雨蝶在温馨的集体中愉快地成长着。

我们无法说服家长留在家乡工作，我们更无力改变因此而不断产生留守儿童的社会现状。作为一名教育工作者，我们所能做的只是敞开我们的胸怀，殷殷母爱，倾心于孩子的生活，谆谆教诲，致力于孩子的成长。相信不再孤独的少年，意气风发的雏鹰会给我们些许安慰。

认识他，改变他

许 芸

我接任三年级班主任及中队辅导员一职两月未满，虽然是初出茅庐的班主任新手，但我丝毫不怀疑自己胜任这份工作的能力，因为我喜欢观察细节并且能察觉出他人的心理变化。凭借这一优势，我短暂的班主任和中队辅导员生涯未曾发生过重大的教育教学事故（可能是因为时间过短，隐藏的问题还来不及暴露）。在未来的工作中，我计划通过日常的班级管理及教学慢慢培养起班集体的核心力量，但有一个“问题学生”——小明是我计划中的“小意外”。为了尽快找出恰当的解决方法，我对这个“问题学生”进行了以下分析。

我在职前培训时就曾听过小明的大名，可谓未见其人先闻其名。带我入班的老教师将小明的种种不良行径告知于我，并提醒我说：“只有让他一个人坐，才能确保班级太平。”我惊讶于这样的话语，暗暗觉得小明会是我管理班级过程中最大的难点。但毕竟尚未亲眼见过他，我决定摒弃所有先入观念，亲自去了解他。没多久，我就发现这个孩子实在是太显眼，很难让人忽略，而最显眼的莫过于他的座位，他一个人坐在第一排最显眼处。我很快对他形成了一个初步印象：孤立。

第一个星期的教育教学过程中，我也和其他授课教师一样多次就小明的不良行为进行批评。他多动，常常主动找后排学生讲话（尽管得不到任何回应），经常擅自拿走或抢走他人物品，甚至打同学。尽管如此，我的批评也只是碍于情景限制停留在简单的言语上。然而，我的批评对他丝毫不起作用。这使得我进一步形成了对他的第二印象：叛逆。

经过一个星期的了解，我摸清了这个孩子在班级中所处的地位：被全班孤立，是所有授课老师的批评对象。我最初的应对策略是“以暴制暴”，虽然我自己也并不完全赞同这种做法，但始终想着或许这种简单、粗暴的方法会有成效（事后我也认识到了自己的错误，不应该存有这种心理）。事与愿违，以暴制暴收效甚微，还产生了不良反应：小明看我的眼神发生了变化，由原来的不甚在意到战战兢兢地聚焦我的表情变化。我因此对小明形成了第三层印象：敏感。

打骂中，一个星期又过去了，我终于忍不住把小明的父母请到学校来。让小明的父母来学校不全是出自我个人本意，也有其他家长施加的压力，他们对小明有颇多不满并要求我妥善处理。其实，我在担任他们班的班主任前，就对班级学生的家长有过些许了解，小明父亲是某高校教授，常常接与房地产相关的工程，收入颇丰却也相当忙碌。母亲虽有工作却不用时刻在岗，有大把时间照顾小明。这个看似完美的家庭有一特殊之处：父亲是二婚，小明有一个同父异母的哥哥，据说兄弟俩在校的表现一致无二。但在那天和他父母的交流中，我收获了更有价值的几点信息：小明跟随母亲时间长，父亲由于忙而与孩子接触的时间少，小明在生活中鲜少感受到父爱；母亲对小明非常宠溺；父亲对母亲的教育方式始终颇有微词，近期决定接手对孩子的教育；父亲已经认定小明是一棵长弯的树苗，想要他重新长直需要时间。汇总以上信息，我将小明家概括为典型的“严父慈母”的中国式父系家庭。通过这次交流，我对这位孩子的父亲并无好感。虽然他说的很多教育理念都是正确且客观的，但归根结底还是没有提及自身以实际行动来对待孩子的教育问题（这可能归结于父亲工作忙，但我认为孩子比工作更重要）。反倒是母亲，纵然袒护孩子的心思毫不遮掩，我却还是能够感受到她对孩子的期待，一种对孩子成人的期待。这也是促使我后来改变教育方法的一个重要原因，我也因此对小明形成了第四层印象：缺爱。

我开始试着把更多的心力花费在小明身上，比如课前、课后随时叮嘱他几句，课余时间主动找他搭话，给予他一些额外的奖励和惊喜，等等。在这个过程中，我渐渐发现小明看我的眼神有了变化，我读出了“信任”。我感觉他能够听得进我说的话了，遇事也会主动和我分享了。也正是因为这样，我发现这个孩子行为偏差的根源不在行为本身，而在思想。比如他在描述摩擦发生的一幕时，用词上的取巧，他打到别人被称之为“碰”，别人招惹他，被称之为“总是弄”，以及所有意外的发生被他归结为“我不服气”等。我曾对班级进行过以身高为标准的全员排座，男女互为同桌。这次，小明也加入了排座大军中，和新转来的一位女生成了同桌（以当时的情况来看，班级中没有一个人愿意和他同桌。）犹记得分完座位的那天，他流露出来的喜悦让我也为之高兴，孤单那么久的小明终于有同桌了。好景不长，小明与同桌的矛盾激化，导致双方家长之间也产生了嫌隙，为了防止事态进一步恶化，我选择将小明调到最后一排单独坐。我知道自己的举动很可能会伤害小明，也担心刚与他建立的良好关系就此破裂。值得庆幸的是，小明并没有因此与我疏远（至少表面上看起来是这样，但我内心总有着隐隐的不安）。我对小明的第五层印象在这一阶段形成：冷漠。

换座之后，教室后方变成了一处小小的战场。小明开始欺负与他邻组的一名男同学（这名男同学平时忠厚且稍憨，遇事表达不清楚），小明连续两天弄哭这名男生。小明第一天使用软尺打这名男生的眼睛，庆幸的是被打位置偏离到眉毛处。只是因为这个男同学下课对小明做鬼脸、扭屁股，他因为“我不服气”而出手伤人。第二天，小明用力将这名男生推倒在地，也只不过是因为这名男同学说了句“就不带你玩”。事情发生后，我将小明的母亲叫来学校。一方面，希望小明和他的母亲向受伤的同学及家长道歉；另一方面，我也需要家长知道这个孩子行为背后所隐含的极端思想。在母亲的威胁下（这位母亲以“不管他”“丢下他”“不原谅他”等亲情牌去约束他），这个孩子在办公室痛哭流涕，直呼“我知道错了，妈妈你原谅我”，而当我提及因为他的过错，妈妈要多次来校跟同学的家长赔礼道歉，还要被老师批评的时候，他边哭边请求我“不要批评妈妈”。看着红了眼眶的母亲，痛哭的他，我心软了。但我也深深知道，这个孩子保持端正行为的时间不会太长久。这是我对这个孩子的第六印象：极端。

一直到此刻，我仍没有针对这个孩子的问题想出合理且有效的解决办法。难道真的如小明的父亲所说，一棵弯曲的树苗需要很长的时间才能回归笔直，而我们这些关心他的人只需要耐心等待即可？或许是我资历尚浅，教育理论又不够扎实，才会有如此困惑？但我知道只有敢于面对问题并努力尝试找出问题的原因所在，才有可能解决问题，尽管我并没有信心让小明完全成为普遍意义上的“好学生”，也不能保证在今后的教育教学过程中能够处理好每一件事。不过，我相信认真钻研，细心观察，热爱学生始终应该是我教育教学工作的本质坚守。无论如何，我都希望经过我的不断观察、分析与教育能够使小明的行为有所改善。

爱，会有奇迹

朱婷婷

2015年9月，我成了503班的班主任，也成了“问题学生”小汤的班主任。小汤四年级时转来我校，当时我与他有些接触，囿于职责限制，我只关注到他在学习方面的问题，对他其他方面了解不多。

开学的第一天，他就给了我一个“下马威”——迟迟不来报到。我打电话询问，他的妈妈轻描淡写地说他昨天去了奶奶家，不做过多解释，也不急着来学校。挂了电话，我心中暗想：父母如此，孩子必然受到影响。开学以后，不交作业、不听课、下课打架、迟到、中午在校门口逗留，都成了小汤的家常。我在与小汤沟通的过程中，有劝导，有批评，但都没有产生预想中的效果。我通常会心平气和地帮他指出问题，他摸摸头，随意地笑一笑；严厉批评他时，他又很不服气，泪水在眼眶中打转，气得脸发紫。有一次，我在办公室门口批评他，他低头不语，手却握成拳头不停捶着墙，那“咚咚咚”的声音虽然不是很大，但是听着格外刺耳。看着眼前这个胖墩墩、老实的孩子，我很为他痛心。

据我所知，小汤自小便跟着爷爷、奶奶一起生活。我记得一位作家说过这么一句话：“没有父亲的孩子，他的人生是灰暗的；没有母亲的孩子，他便失去了整个人生。”虽然小汤的父母都在，会隔三岔五地给他打电话，但这样的远程关心又怎能与时刻陪伴相提并论呢？爷爷奶奶的溺爱，父母的放纵，让这个本该充满生气的孩子此刻犹如一片长满蔓草的荒原。

五年级的孩子，理性认识在不断增强，能够辨别是非，世界观、人生观、价值观正在构建之中，模仿能力也不断增强。对于小汤这样的“反面典型”，有的孩子已经开始有样学样，一个小男孩居然在我面前说：“小汤不也这样嘛！”这让我意识到眼下的局面必须得到改善。我辗转反侧，思索再三，眉头不展，陷入了困境。一天，我在翻阅马卡连柯著作时，无意看到他所说的德育应该坚持“严格要求与疏导相结合”“长善救失”“集体性教育与个人自我教育相互结合”的原则。中队辅导员不也应该如此吗？我恍然大悟，似乎找到了办法。

第二天，我来到学校，发现小汤又迟到了。这一次，我并没有像以前一样在班级严厉地批评他，也没有私下跟他的父母说明情况，而是将这件事暂时搁置一旁。下午，我正好碰到体育老师，他告诉我需要在班里选拔几名学生参加学校的跳绳比赛，我毫不犹豫地推荐了小汤，因为我知道这个孩子虽然学习成绩不好，但很有运动天赋。在这之后，我发现他体育课上能够积极地与其他同学合作练习。比赛中，大家齐心协力获得了校第二名的好成绩，这对我们班级来说是一个很大的荣誉，当然也有小汤的一份功劳，于是我在班上表扬了他。他被表扬了之后，有一点儿兴奋，可是兴奋劲儿一过，他又恢复了对一切都无所谓的态度。

作为教师，我应该关爱学生，可是关爱就是一味迁就吗？无原则地包容？我觉得应该把爱与严格要求相结合。有一次，上完第一堂课后，课代表跟我说："小汤没有背书，作业没有写，日记也没有交，现在还在班上打架。"我想这正是一个好机会，第三堂课快下课的时候，我让小汤站了起来，问他的作业情况，他支支吾吾；问他为什么打架，他一个劲说他人的不是。我打断了他，用一连串话语问得他无所适从："你到学校来干什么？作为学生，你不写作业对吗？你自己看看《中小学生规范》怎么规定的？……"

下课铃声早已响起来了，可是学生们静悄悄的，只听到我一连串严厉的批评。也许是小汤被说得不耐烦了，他竟鼓起勇气说了一句"那我就不上学了"，他居然真的背着书包离开了教室。我的心里"咯噔"一下，可是我不能去喊他，要不然努力就白费了。好在班里的小班干很聪明，一直跟在他后面。

五分钟后，我看见小汤躲在东楼梯的墙角，轻轻地抽泣着。看来我计划中"置之死地而后生"的第一步已经达成。我将他叫到办公室，让他坐在我旁边。等他冷静下来之后，我问他为什么不好好写作业？为什么不好好学习？他说："我很笨，我什么都不会。"这让我很惊讶，我怔怔地看着他，简单的思考之后，冷静地问："这是谁跟你说的？""我妈。"我脑海中回想起那个戴着黑框眼镜，皮肤白净而又年轻的母亲。我对她良好的印象顿时化为乌有——她竟然如此评价自己的孩子！

在后来的谈话中，我知道了他妈妈暴力的教育方式和因忙碌对孩子教育的疏忽。晚上写作业的时候，小汤经常三门同时写，边写边用手机查找答案。他的妈妈从不过问小汤的作业完成情况，也不辅导他，可当她得知小汤考试成绩不理想时，却会狠狠地打他一顿。最后，小汤无奈地说："马上要期末考试了，领成绩单回家后，我妈一定又要打我了。"看着眼前这个十一岁的孩子在母亲暴力的教育中越来越叛逆、不爱学习，我很痛心。于是，我对他承诺道："只要你期末有进步，我来跟你妈说，叫她不打你。"他怀疑地看着我，我肯定地告诉他："放心，老师说到做到。"当晚，我便跟他妈妈沟通，让她平时多关心孩子的学习，陪伴他成长，发现孩子的优点，多采取鼓励的方式。他妈妈听取了我的意见。

在以后的工作中，我发现这个孩子在一天一天地变化，上课不再无精打采，考试不再交半白卷，课下不再轻易和别人发生争执。虽然他在成绩上的起色并不是很大，但是他对学习端正的态度是此次教育取得的最大成绩。

学校的教育不仅仅要关注学生的分数，更应该看到学生心灵上的变化，我们需要一个阳光的、积极的、愿意去学习的孩子。虽然这个孩子现在还有些缺点，但他一直在进步，这是令所有人雀跃的事情。

作为少先队辅导员，肩负着少先队员的教育责任，我不能够放弃任何一名队员，即使对"问题"学生，我们也要给予关爱和教导。我相信，在未来的少先队工作中，只要我坚持不放弃，给予队员爱和教导，他们都将成为健康的祖国花朵。

基于差异的教育

李 倩

2013年，我正式开始接触小学教育，由于主教学科是小学英语，我首先接触到的是中年级学生。我从四年级开始接管现任班级，两年半时光转瞬即逝，眼看自己朝夕相对的两个班级的学生就要结束他们小学阶段的学习生涯，我与这帮孩子的缘分也将要暂时告一段落，心中除了有些许不舍与惆怅之外，更多的是对这两年半多的教学生涯的回顾与反思。我发现很多教育启发都是从我的学生身上得来的。通过对平时工作中的种种事例与问题的回顾，我发现高年级男女生心智发展的差异日渐明显。下面，我将结合事例，从以下几个方面谈谈自己对此问题的认识和看法。

一、男、女生在组织和管理能力方面的差异

步入高年级后，班级干部普遍心思更加细腻、心智更为成熟，愿意主动协助老师承担一定的班级管理任务，表现出较强的组织和管理能力。他们不再像中低年级时一样被动地完成老师交代的任务，而是能够主动地帮助老师安排、组织班级的日常活动，真正发挥了小助手的作用。比如最常见的管纪律问题，中低年级的班干部在管纪律时往往因缺乏组织策略而显得缺乏震慑力，结果往往是老师大老远就听到小班长扯着嗓子在喊："安静！不要说话！我看谁还说话，就给我站起来！"而这种情况到了高年级就明显有了好转，老师进班级前小班长和课代表会配合行动，一个带读课文，一个管纪律。或者请同学上黑板听写，并不需要老师提前吩咐或者安排任务。通过这种方式，小班长很好地将班级学生组织起来，既保持了纪律，又组织全班同学做好了较为充分的课前准备。读书的过程中，小班长只需走到违纪学生面前轻声提醒，就能显示出较好的震慑力。

男生和女生在这方面的表现存在差异，女生的组织和管理能力比男生要强一些。我所教的六年级有一个女生就是老师的好助手。通过长期观察我发现，由她值日的那天班级课前纪律总是格外好。她可以较好地组织班级同学进行读书、背

书、听写等活动，并且她很熟悉老师平日的习惯，知道哪里是重、难点，如果有学生读错或写错，她会像老师那样立即予以指正，整个课前准备活动几乎就成了她的一个小课堂。而与此同时，另一个班的一个男生小干部，同样是我安排的英语带读员，经过一年半的锻炼，虽然有所进步，但组织管理能力仍然较为薄弱。有时候老师进班级略微晚了些，班级就乱糟糟的，因为小班干带读完老师前一天布置的任务之后就回座位了，他认为只要完成自己的任务即可，并没有将管理职责扛在自己肩上。从这点可以看出，高年级女生已经开始学会并愿意主动参与班级活动和管理，而男生并未对此表现出太多的积极性，多数还是被动配合。

二、男、女生在自我认同感方面的差异

步入高年级之后，他们开始更多地关注自己的优缺点，特别是优点，并愿意展现自己的优势和特长。他们开始更加关注他人对自己的看法，特别是老师对自己的评价和态度。这是儿童向青少年发展的必经阶段，是他们心智开始走向成熟的标志。但这一时期也往往会成为危险期，由于过度追寻他人对自己的肯定评价而导致心灵承受能力差，接受不了一点打击，此时如果教师或家长因为疏忽而给予了消极的评价或者缺乏正确的疏导，则可能会导致学生长期的消极心理甚至是更坏的后果。

男生和女生在这方面也存在着差异，女生更愿意展示自己的特长。这不禁让我想起前不久全校师生去南京雨花台烈士陵园参加清明祭扫活动期间我与学生之间发生的一些小事。

我作为学校的大队辅导员，负责这次祭扫活动的组织、策划等。由于这是一次难得的集体户外活动，为了使其成为学生们自己的活动，我决定由学生来担任主角，少先队辅导员只承担幕后工作。在准备好主持词和演讲稿后，确定由谁来担任小主持人以及由谁来演讲成了摆在我眼前的第一道难题。由于时间紧张，开展校内甄选活动不太现实，于是我决定就地取材，从我最熟悉的六年级两个班的学生中选取学生代表。可是两个班一共有一百多名学生，我只知道平日里哪几个学生英语口语较好，而语文朗读水平我还真是没有太多了解。令我欣慰的是，学生都非常热心、积极地向我推荐了他们心目中合适的人选，暂时解决了我的尴尬困境。最终，他们推选出了三名候选人，一个是公认的演讲小能手，剩下的一名男生和一名女生无论从能力还是气质方面都比较适合担任小主持，但是为了活动效果，我想选出一名男生担任主持人，又怕当着全班同学的面扫了那位女生的面

子，于是我灵机一动，说：“好，既然现在多出了一个名额，那我们就公平竞争，中午你们两个都到我办公室来，我们练一练，比一比，谁更适合就选谁好吗?”这个提议被他们很愉快地接受了。没想到，到了中午，又有另外一位女生走到我面前，满怀期待地对我说：“李老师，我也想参加竞争，可以吗?”听到她的这一请求，我的心里既欣慰又为难。距离活动的日子仅剩一天，人员敲定后至少还要排练半天，眼下又多一位女生竞选主持人，这无疑是“添乱”。但是这位女生却告诉我她一直对主持演讲充满兴趣，可惜一直没有表现的机会，每次国旗下的演讲班主任老师都指定了班上另一位女生，她不敢向班主任老师主动请缨，眼看就要毕业，因此这次活动她非常想参加。为了鼓励和支持这位女生，我最终还是让她参加了竞争，虽然她表现得没有那么理想，但是经过再三斟酌、权衡和纠结，最终我决定调整活动方案，让这位女生主持前半场，男生主持后半场。听到我的这个决定，那位女生终于由失落转为兴奋，看到她的微笑中透露着激动和感激，我又一次深刻体会到了教师职业育人之本的精神。最后，这次活动圆满落幕，两位小主持和一位演讲代表都非常出色，他们的认真和卖力让我体会到了身为辅导员的职业成就感。与女生相比，男生依然保持调皮、贪玩的天性，竞争和表现意识不如女生强烈。再比如，去年学校组织庆祝儿童节的活动，其中有出、退队旗的环节，我临时找来几位五、六年级的学生，用一个中午的时间加强训练。其中有个六年级高个子男生，也是训练队里唯一的男生，他表现得很羞涩，走了好几遍都不自然。经过交流我了解到，他觉得就自己一个男生很不好意思，别的男生会笑话他，令我意外的是他并未将这项任务当作展现自己的机会。

这两个案例让我们看到高年级男、女生在自我认同感方面的差异，我认为高年级教师要特别关注学生的心理变化，尤其是满足学生自尊心的需要，应以积极评价代替消极评价，充分尊重学生的兴趣、爱好，并为其创造机会和条件，培养学生的自信品质。相反，如果教师忽略了学生的内心感受和自尊心，没有及时给予鼓励和支持，可能会间接影响到她今后的学习和生活。

三、男、女生相处模式方面的差异

男、女生相处模式随着年龄的增长而悄悄地变化着。高年级男生和女生之间的群体意识逐渐增强，随之产生的就是男、女生对立的相处模式。通过观察我们可以发现，男生和女生之间喜欢互相告状，多以女生告男生状为主。当遇到男、女生对决活动时，对立局面则更加明显，双方都表现出强烈的求胜欲望，每个人都不想成为拖同性后腿的人，所以每个人都卖力表现，一旦一方输了，胜的那方就会以近乎嘲讽的方式炫耀胜利，而输的一方则表现出明显的失落情绪，并在下一轮的“对决”中奋力表现以挽回颜面。但小学阶段的这种对立纯属短暂的情绪，一般会随活动的结束而消失，并不会造成男、女生之间长期的矛盾对立。另外，男、女生各自的社交方式也会呈现出差异。我们常常看到中、低年级男女生共同做游戏玩耍，而步入中高年级，渐渐呈现出男生和男生，女生和女生互动的局面。有些高年级女生更倾向缩小自己的社交圈，只和一两个同性形影不离。而此时男生则表现出社交圈日益扩大的特点，游戏是其主要的社交渠道。

综上所述，男、女生心智发展会随着年龄的增长表现出不同的特点，我作为少先队辅导员要做到以下两点：第一，关注学生心智发展和变化的意识；第二，在平时的工作中，应善于利用学生心智变化规律以及男女生之间的差异合理地分配任务，促进学生能力的成长。

一步一个脚印

杜雅文

时间都去哪儿了？还没好好感受孩子的天真、可爱，两年的教师生涯已经悄然逝去。是啊，上学那会儿总是期盼时间能快点过，现在成为一名老师，又渴望能和孩子们一起慢慢成长。从当初接手班级时的惴惴不安，到现在的泰然自若，我很庆幸自己能和孩子们一起成长。

接手现在这个班的过程有些特殊，虽然我和班里的学生同时进校，也一直是他们的语文老师，但正式成为他们的班主任却是一个学期以后的事，随即，我又光荣地成了这个中队的辅导员。因为我的中途接班，队员要接受不同的管理模式，我们都需要一个适应的过程。当上班主任以后，我面临的第一个难题就是处理琐碎的班级管理事务。魏书生说："管理是集体的骨架。"有良好的管理，事情才会有头有尾，集体才会像一架健康的机器有序地运转。由于没有足够的实践经验，我只能凭借对班级管理的一知半解与45个孩子一起跌跌撞撞地走进一年级下学期。

初出茅庐的我，艰难地推动着班级的日常管理，按部就班地处理着班务，偶尔还要有"小叮当"的神奇魔法，因为你永远不知道下一刻班级会发生什么样的事。少先队员年龄太小，少先队辅导员事事要亲力亲为，不但要帮助队员尽快适应学校生活，适应中队的集体生活，建立良好的学习秩序，而且要培养队员形成良好的学习习惯和行为习惯。

时间的沙漏艰涩地流动着，与少先队辅导员工作相比，平日的教学工作反而显得轻松、简单，所以我将更多的时间与精力投入关注队员的校园生活的各方面。可时间慢慢流逝，成果却并不显著。特别是二年级时，由于我不在班上办公，队员自由活动的时间相对多了，课间总是出现打闹的现象，无穷无尽的班级矛盾和鸡毛蒜皮的摩擦几乎占据了我所有的课间休息时间。每当我上完一节课，正准备在办公室里休息一会时，就会有几个小队员急匆匆地跑来，七嘴八舌地说着班上的"小战乱"。我当时的反应是气不打一处来，立即让队员把"肇事者"

喊过来，在了解一番后，开始与调皮捣蛋的队员谈话，处理队员之间每一桩细小的矛盾，并告知其是非观。对表现好的队员大力夸赞，对行为习惯不良的队员进行适当的惩罚。针对这样的情况，我在班上还采取过这样的措施：课后剥夺“调皮生”的课间休息时间。可事实证明收效甚微，我也累得够呛，理智告诉我不能限制孩子的休息时间，不能让孩子在束缚中成长。

据统计，班上26名男生几乎都动手打过自己的同伴，小部分女生也喜欢打闹。究其原因，有的喜欢主动撩人，有的出于反击，有的只是被怂恿……说得好听点，也许这是他们认知同伴和世界的特有方式。面对这样一个团体，我内心是崩溃的，我常常向同事抱怨这群“磨人的小妖精”。对我来说，将45个个性迥异的队员拧成一股绳是相当不容易的。每每想到我混乱、松散的中队，我总感到心力交瘁。所以我一直在思考：如何让班级走上秩序井然的轨道。

发现了问题，就一定要找到具体原因，这样才好对症下药，让他们在成长的路上少走点弯路。在少先队管理工作中，不同的少先队辅导员的工作方法不同，但目标一致，就是要“管”好班、“理”好人。

孩子们爱闹腾、爱追打的天性是无法压抑的，他们急躁、缺乏纪律、静不下来。归根结底，这和我平时课间行为习惯培养的缺失有一定关系。我很少占用队员的休息时间，希望他们调整好状态再去上下一节课，可是在我们班这样的方式适得其反。孩子们课间总是无所事事，打闹就变成他们主要的乐趣，那些调皮的学生喜欢做危险游戏，经常会因为游戏引发一场“小战乱”。有人常说小孩磕磕碰碰都是正常的，只要我们大人引导得当，等到一定年纪他们懂事了就会变好。可是随着与队员相处时间的流逝，撞破头、磕掉牙的事儿却依旧频繁发生，打闹已经变成了一种风气，如果不及时制止，那原本松散的集体只会变成一盘散沙。是的，要给队员找点事做，慢慢培养他们安静且专注的性格。在我看来，营造一个良好的课间氛围会影响到孩子们的课间行为，而课间的闲暇阅读就是营造良好课间氛围的良药，它会让人安静，能引发人思考。班级里设置的书架帮了不少忙，风格迥异、主题不一的书，总有一本适合不同的队员。广泛地阅读不仅能让队员积累丰富的词汇，也能为他们的表达和写作打基础，更能让队员从书中认识世界，认知自我，规避许多不良行为的发生，所谓一举多得。从二年级一开始我就渐渐地培养队员的阅读习惯，虽然起步有点晚，但使不少队员乐在其中。有些队员不爱读书，我就引导着读，点拨着读，带头读，队员看到老师也读，慢慢地也就培养了习惯，找到了兴趣。读到有趣的或者不懂的，会在课下和队员分享探讨。时间一久，队员身上的书卷气息就越来越浓了。不管是上课还是写作业，队员自然地就更专注一些，即使是课间，有些学生也对“书”爱不释手，与同学们讨论书里有趣的知识。孩子们的注意力从同伴身上转移到有趣的书本上，追逐打闹的行为因此变少了。

没有一种教育能够实现一劳永逸，营造良好氛围固然重要，但真正能减少课间不良行为发生的关键还在于学生主动规避错误。二年级的孩子已经有了初步的判断能力和是非观，但大班教学使得班级成员多且差异大，45个队员在认识方面差异明显。自制力差的队员人数不多，但他们的影响力不容小觑。这些队员上课期间玩得兴浓，说得兴起，有时候一个人玩得不尽兴，还会骚扰身旁的同学。张扬一点的队员，课上要么在教室里乱窜，要么用学习用品自制乐器，发出各种自我享受却让别人遭罪的声音，课下总会听到各种五花八门的祸事。郭小浩和尚小杰是中队里的头号调皮人物，绝对的“刺儿头”，如果每天办公室不传来他俩的“爆炸新闻”，大家都会觉得奇怪。几乎每天都有队员向我报告：因为他们的什么行为，让班级扣分了。在每周一的升旗仪式上，我总能看到队员期待拿到流动红旗的眼神，可最后校园喇叭总是不能传来属于我们的喜讯。久而久之，队员习惯了，松散了，集体荣誉感悄然消逝。

我在想，如果能把松散的个体力量重新聚集在一起，一定会大大增强整个中队的力量，于是我决定勇敢地跳出这个巨大的漩涡。有时候教师事事亲力亲为只会训练出一群只懂接受、懒惰呆板的孩子，而不能培养会思考、能独立的自我管理者，或许将主动权交给孩子，树立他们的集体意识，强调“一荣俱荣、一损俱损”的精神力量会比直接灌输来得有效。所以从二年级开始，我有意识地培养队员的集体荣誉感。集体荣誉为何物？说不清，道不明，但我深知这对班级管理很重要。如果一个人像一块砖镶嵌在坚不可摧的墙里，那是谁也动不得的，但是把这块砖扔在路上，挡人走路，是要被人一脚踢开的。因此就算一个人很优秀，可是没有肥沃的土壤给予它成长所需的养分，终有一天，美丽的花朵将枯萎、凋谢。看来，打造一片健康、肥沃的土壤势在必行了。所以，我必须坦然面对“刺儿头”，磨平他们身上的刺儿；而班里其他成员为了集体荣誉，必然会限制他人不良行为的发生，同时也会约束自己的行为。

我在班级开展了“小组合作，大组评比”的活动，将课堂综合表现、日常学习态度、行为习惯等作为评比维度，让队员在日常的学习、生活中学会自我管理和自我教育，这样既可以激发孩子们的热情，又可以调动孩子学习的兴趣。从此以后，每一个孩子无论做什么事都特别积极、认真。孩子们渐渐地学会了将个体融入集体，用积极的态度尽力做好班级的每一件事，努力为小组争光彩，再由小集体趋向大集体。孩子们铆足了劲，组内成员们都保持着奋发向上的心态，组与组之间又相互竞争，取长补短，共同进步。

经过一周的评比，“向上组”最终取得了周冠军！这个荣誉真的离不开组内每一个孩子的努力，一下课就有孩子相互提醒做好个人卫生，摆放桌椅，做好课前准备，上课时又互相督促积极举手发言、认真听讲，甚至连听写都暗自较劲。良性的小组合作与大组之间的竞争带来的是集体荣誉感的油然而生。

世间的一切总是神奇的，不经意的拐角处也许就能遇到惊喜。队员成长的每个瞬间都不容错过，因为在他们的不断变化中，总会出现让你眼前一亮的东西！

转眼又到了举办校级全员运动会的日子，这是所有孩子翘首以盼的重大节日。我的队员报名参加了跑步项目，这可是他们的强项！虽然我们没有取得年级组的第一名，但孩子们的成长有目共睹。比如在50米赛跑项目中，每当赛场上出现我们班运动员的身影，队员都会大声为他呐喊助威。更有一幕湿润了我的眼睛：班里一名性格内向的男孩在接近终点时摔倒了，他却强忍着疼痛迅速爬起来，勇敢地冲向了终点。瞧，集体荣誉感的种子早已撒在了孩子们稚嫩的心里，此刻正在慢慢发芽！

不管是教书，还是育人，我们都会遇到很多困难与挫折。教育是一门慢的艺术，对待学生，育人者要有耐心，用心播种，静待花开；对待自己，我们要在工作实践中摸索打磨，遇见更好的自己。作为一名中队辅导员，在中队管理的道路上任重道远，虽路途艰辛，但总可以有世界上最纯真的笑脸陪伴，希望我们一步一个脚印，静待每一朵花开！

星星的孩子

刘　静

2013年，正在安徽师范大学读汉语史专业的我来到南关小学顶岗支教。一同前往南关小学支教的还有几位准硕士。可能是因为我有过高中语文教学的经验，到了学校，我被分配到五年级教语文，而其他几位被分到一年级担任班主任。

同为顶岗支教的大学生，相互之间自然有很多话题，也就是在交流中，我知道一年级某个班级中有两个自闭症患者，也就是人们常说的“星星的孩子”。他们犹如天上的星星，一人一个世界，独自闪烁。他们不愿和你对视，很难和你交流，对你的话充耳不闻，他们无法控制自己的行为……这一切都让老师非常苦恼。

转眼间，我送走了我的第一批毕业生们。领导找我谈话，简单介绍了那个我多次听闻的班级的情况。最终，我成了这个班级的语文老师和中队辅导员。

第一次少先队课上，这两个孩子就让我真切地感受到了我即将面临的困难。其中一个孩子，他和我想象中的自闭症患者截然不同，所有我问的问题，他都积极地抢着回答，只是永远答非所问。几次以后，我看到他举手，也不挑他回答了，但当时我并不知道如果我不挑他回答，他就会哭闹，喊着“我又错了，真倒霉”。于是，第一次哭闹就这样开始了，我愣了，虽然我对他的状况早有耳闻，但是真的遇到还是不知所措，好在周围的孩子比我有经验，几个小女生立即围了上去，有拿餐巾纸的，有拍着他说“不哭，不哭”的，我稍稍松了一口气。可就在这时，第二个孩子突然躺在地上，哭得撕心裂肺，我又赶紧跑去看这个孩子，问了半天才大概明白他说的是“有人把我的铅笔扔到了垃圾箱”，附近的孩子赶忙告诉我根本没有这回事，他只要暂时找不到东西就会这样。两个孩子的哭声此起彼伏，我完全不知道要如何平息，只好请其他老师帮我看堂，挨个儿给这两个孩子的家长打电话。第一次少先队队课就这样草草结束了。

这样的哭闹时不时就要上演，一些学生家长也因为担心影响自己孩子学习，经常与我联系，希望学校能联系这两个孩子的家长让他们去特殊学校就读。我也曾经萌生过这样的念头，但后来通过与他们家长的沟通，我改变了自己的想法。我仍然清楚地记得，其中一位妈妈对我说："就当是我自私吧，我想让孩子在正常的环境里长大，真把他送去那些学校，他整日在那样的环境里，他的病肯定会越来越严重！"最触动我的还有一句："我曾经想过带着我儿子去自杀，那样就不给别人添麻烦了，可我最终没有那个勇气。"孩子的妈妈在我面前哭得像个孩子，那样无助，我真心疼这样的妈妈。作为老师，最多要跟这个孩子一起走四年，可对孩子的妈妈来说，把这个孩子照顾好却是她一生的使命。

我坚定了自己的想法：这两个孩子既然在我们中队，我就要接纳他们。我开始向老教师请教，想找到管理这样的孩子的方法；我找家长沟通，了解这两个孩子的具体情况；我一直都在认真观察这两个孩子，看什么样的方法对他们能行之有效。后来，我有了自己的方法，对其中一个要"狠"，对另一个要"柔"。

我会严肃地警告那个一遇到不顺心的事就喜欢躺在地上的孩子，他有时说要把自己的东西扔掉，我会问他"需要我帮助吗？"有一次，我"恶狠狠"地看着他，对他的各种"威胁"无动于衷，他最后自己从地上爬起来，擦擦眼泪回班级了。以后，他在地上哭喊的时候，只要我过去，他就会一声不响地自己爬起来。当然，在严厉的同时，我也在想方设法地"接近"他。他平时总是一个人独来独往。于是，我有时会在课间搭着他的肩膀，跟他说话，他总是躲，他躲开，我就把他拽回来。我发现他对班级的电子白板特别感兴趣，于是我把管理电子白板的任务交给了他，现在他会在上课前到我办公室拿U盘，帮我把课件打开，下课时，又会把我的U盘当作宝贝一样塞在兜里送到我办公桌上。

而对那个喜欢回答问题的孩子，一开始，无论他回答的是错的还是对的，我都鼓励中队其他队员在他回答完问题以后给他掌声。他得到掌声，总会露出洋洋得意的神情，自己快活好久，上课也安静一些了。偶尔，也能正确回答几个问题了。但慢慢地，新的问题出现了，其他队员对这种"掌声"已经疲倦了，他们没有以前那么积极地给予掌声了，大部分队员表现出一副淡定的样子。没有了热烈的掌声，这个孩子更不开心了，他会说"同学们都不喜欢我了，我又失败了"。面对这种情况，我意识到之前的方法存在不当之处，队员还是孩子，他们是宽容的，他们是有爱心的，但是鼓掌对于他们来说从根本上应该是对精彩的赞扬，可我却要求他们用鼓掌来包容错误的回答。他们的热情自然会在日复一日的循环里消散，我不能责怪队员，他们已经很棒了。于是，我在下课的时候找这个孩子聊天，我告诉他："你不能要求老师找你回答所有的问题，班里有四十多个孩子，你也要把机会让给其他同学呀。”一开始，他是没有办法接受的，在我多次狠下心来不理睬他，不喊他回答问题以后，他似乎在慢慢理解。于是，我又找机会告诉他：“如果你遇到不知道该怎么回答的问题，就不要举手，老师不会怪你，每个同学都有不会的问题，这并不是什么错。”现在，他上课举手的次数的确少了一些，上课的时候安静多了。有一次，我看到他在看课外书，他发现我后，赶紧把书收了起来。看到这一幕，我笑了起来。其实，在我心里，我对这个孩子是没有更多要求的，只是希望他安安静静的，不破坏班级的课堂纪律。现在他在集体的环境中学会了自律，他开始知道在课堂上有些行为是错误的，这对于我来说，不也是一种教育的收获吗？我开始期待，期待着这个孩子有一天能和其他队员一样。

除了重点照顾这两个孩子，我还利用少先队队课和其他的队员积极沟通。我把这两个孩子送到其他老师的办公室，请老师们帮忙照看他们。我与剩下的队员推心置腹，我让他们尽情地说这两个孩子给他们带来的麻烦，孩子们的怨言很多，这超出了我的想象，但也正是因为这节队课，我才知道他们真是懂事的孩子。因为他们平时从来不会说那些话，仍然愿意带着这两个孩子一起玩。我对孩子们的怨言表示理解，也如实告诉他们这两个孩子给我的管理、教学带来的困难。然后，我问他们，我们能把这两个生病的孩子赶出我们的教室吗？孩子们沉默了，有的摇了摇头。我给队员简单介绍了自闭症的情况，他们听得很认真，有的学生说“他们也不是故意的，他们也没办法”。越来越多的队员同意这种观点。我们达成协议，我们要照顾病人，因为我们比他们幸运，从生下来就是健康的。这节队课让他们明白，有些孩子，从生下来就没有他们幸运，但我们不能抛弃他们，要对他们多一些宽容、关爱。这次队课之后，我们的中队对这两个队员更宽容了。现在提到我们中队，学校老师们都觉得这是一个充满爱心的中队。

除了队会，我还利用家长会、班级联络群和家长们积极沟通。我私下会和情绪激动、意见大的家长们诉说这两个家庭的故事。请他们也想一想，作为妈妈，这两个孩子该怎么办。家长们往往也能理解其中的不易。现在，家长们也不提反对意见了，这两个孩子在我们中队和其他队员一起学习，一起成长。

有时候我想，我们的中队有这样两个孩子，对我和队员而言都是一种幸运。正是这两个孩子，让我明白了少先队工作需要爱心和耐心，让我的队员明白了一个人拥有宽容和爱心有多重要。我庆幸所有的一切都是那么自然，无需我多费口舌，我的队员一直都在这样做。

因为有爱，我们一起成长

王　桢

我担任802中队的辅导员至今已经有一个年头了，每天要做很多事，我很累，但我不会厌倦，因为这是我的责任，既然已为人师，就要对得起教师这个称谓，对得起学生的那声“老师好”！

初次接触这个中队是第一次队会课，那时候就觉得这个中队的学生不活泼，缺少生气。因此，当我听说要被任命为802中队的辅导员时，确实有些不知所措，但转念一想，或许这就是我和这些孩子的缘分吧！当学校领导给我分配少先队工作时，我就预料到自己将会很忙，但我必须做好准备，去迎接挑战。

每个少先队辅导员都说队员越来越难管理，可有时候想想，或许是我们倾听得太少，总是喜欢按自己的思维去约束学生，从来没问过学生的想法。现在的孩子都很聪明，他们懂道理，只要我们很好地与他们沟通，他们或许就不那么难管理了。

其实，每一个学生都是好孩子，我们不能用成绩作为单一的标准衡量一个学生。我总认为：每一个学生都是一朵玫瑰，虽然花开有早有晚，花期有长有短，但每一朵都美丽！人们常说，学生是一块未经雕琢的璞玉，遇上技艺精湛的雕刻师就会成器成宝。哪一位老师不想让自己的学生成才？但只有那些用心去雕琢的人才可能领会到其中的乐趣，也只有那些用情去雕琢的人才能得到认可与爱戴。我从成为少先队辅导员的那一刻起，就明白自己所肩负的崇高使命，常常告诫自己：少先队工作的每一点疏漏都有可能影响学生的一生。

记得队中有一位家庭困难具有厌学情绪的队员，我教育过他，对他有过失望，甚至产生过放弃他的念头。刚开始，我一次次地找他谈心，想帮助他认识到学习的重要性以及告诉他我对他的期待，他总是乖巧地点点头。每一次我都觉得他的回应是成功的前兆，可我的期望一次次陨落在他转身的瞬间——他根本没做任何一点改变。与他交流的失败经验告诉我，仅仅用语言对他进行教导是远远不够的，于是我多次到他家家访，与他的父母共同探讨对他的教育问题。可他并没有因为我的努力而有所改变，相反，他的厌学情绪越来越严重，我一度灰心，想要放弃这个学生。或许是教师职业道德要求的推动，又或许是思及该生未来发展的不安情绪的鞭策，我始终无法下定决心放弃对他的教育。可我惯用的老方法——沟通与家校合作，对这位学生已然毫无作用，这促使我挣脱以往思考的桎梏，尝试从全新的角度看问题。

初中阶段一般是个体成长的叛逆期，父母和教师的善意往往会被学生理解成恶意，但同伴却可以轻易地走进他们的内心并对他们产生影响。于是，我找到与他关系较好的学生，共同商讨怎样才能使他端正学习态度。他的朋友在听完我的话以后，瞪大眼睛，跃跃欲试，表示一定尽力用言语劝说他，用行动引导他。当然，在督促同伴对他施加影响的同时，我并没有中断与他的交流，我相信采取“两手抓”的方法一定会让他感受到老师和同学的双重关怀。在我的努力下，这位学生终于稳下心来，开始努力学习。有一次我找他谈话，他非常感慨地说：“王老师，您用实际行动告诉了我们什么是责任心！我们知道今后该怎么做了，我们不会让您失望的！”

“老师的真诚就是那一米阳光，可以使坚冰融化；老师的爱就是那一缕春雨，可以使枯草发芽；老师的爱就是那神奇的魔术棒，可以点石成金。”作为中队辅导员，我们面对形形色色的学生，这就需要我们付出更多的爱，用爱来感化孩子，多鼓励，少挑剔，做到有爱心、用真心、有耐心，真心地对待每一个孩子，用心去爱他们，去培育他们，这是我们的责任。

回顾这一年的少先队辅导员工作，我说我是无悔的，因为我每一天都在付出；我说我是幸福的，因为我每一天都在收获。在爱的天空下，我们一起成长！

E-mail“寄”来的感动

饶　琦

在担任班主任的这十多年中，我从刚开始的无所适从到如今的胸有成竹、游刃有余，这其中滋味只有自己知道。

我们班的学生主要是由外地学生和农民工子女组成，本地学生占五分之一。学生因为父母文化水平不高、工作忙而没人管，常常不做作业、迟到、上网、打架，甚至有人穿着拖鞋来上学。在大家看来，这是个典型的问题班级。我是从五年级开始担任他们的班主任和数学老师的。

我既然接手了这个班，就要把他们带好。我对他们没有过多批评、指责，而是从最基本的行为习惯开始训练他们。每天早上7点半我准时进班级，监督他们早读；课间，我在班级一边同学生交流，一边监督有无打架情况；放学后，我给那些成绩差的学生补缺补差；休息时，我和他们一起制定班级公约，并请值日班干监督，我则不定期抽查。

对于学生，我不是单一说教，常言道：“一把钥匙开一把锁。”每位学生的实际情况是不同的，必然要求班主任深入了解学生的行为、习惯、爱好及其落后的原因，从而确定行之有效的对策，因材施教。

在我们班有一个特殊的男生王子贡（化名），因患脑膜炎产生后遗症——癫痫，经常突然摔倒在地不省人事，过半分钟左右又恢复正常。这样的情况隔三岔五出现，导致班上有些同学不敢和他玩。于是，他经常在班上打人，想以此来吸引别人的注意。可他越是这样，别人越不理他，他就变本加厉，因此他经常受到我的批评。我批评他的次数多了，他就会生气，一下课就跑得远远的，过不了多久又会犯错，他让我头疼不已。

在多次批评教育没有效果后，我决定改变策略：从了解孩子的内心真实想法开始，找到症结所在，再对症下药。于是，我在班级开展“说说心里话”活动，告诉孩子们我的电子邮箱地址，让同学们把自己对班级、对同学或对自己的看法写在信中告诉我，并向他们承诺不会向其他人透露信中内容。

接下来的时间里，一封封邮件发进我的邮箱："饶老师，我的爸爸妈妈总是忙着生意，我有时晚上在'小饭桌'做完作业都九点了，他们还没有回家，所以放学后我宁可在学校待着也不愿意回家，家里太安静了……""饶老师，我爸爸在我很小的时候就去世了，妈妈一个人抚养我很辛苦。妈妈对我寄予厚望，给我报了一大堆补习班，也不管我喜不喜欢，就逼着我学，想要我出人头地。我稍有松懈，她就会说她挣钱多不容易、照顾我多累。我觉得好累呀，这样的日子什么时候才能到头啊，所以我经常故意气她，事后我又后悔……""饶老师，我的数学不好，你能帮帮我吗……"一封封质朴、真诚的信让我看到了孩子们水晶般的心，把我对他们、对这个班先入为主的偏见一扫而空。我开始给他们回信，以最认真的态度给他们回信、与他们交流、与家长交流。

渐渐地，班上的氛围悄然改变，打架、骂人的事情少了，孩子们的笑脸变得灿烂了，学习的氛围变浓了。在这样的变化中，我却始终没有等到王子贡的信，我开始暗暗焦急，担心他不肯对我敞开心扉。于是，我下课后有意无意在班级逗留，找借口和他聊天，聊些他感兴趣的事情，如足球、动漫之类。放学排路队时，我也有意和他站在一起，说几句话，拉近我们的距离。

一个月后，一封期待已久的邮件来到我的电子邮箱，我按捺住自己激动的心情打开了邮件。在邮件中，王子贡向我敞开了心扉："饶老师，我犹豫了好多天，才写了这封信给你。我小时候在农村生活，得了脑膜炎没有及时治疗，留下后遗症，经常莫名其妙地摔倒，爸爸妈妈带我去过很多医院，医生说是脑膜炎后遗症——癫痫，以后可能会越来越严重。因为这个毛病，家里人都不敢打我、骂我，不敢惹我生气，不敢让我单独出去玩，生怕我的病发作，我一直很孤单。上了小学之后，我开始有了玩伴，真的很开心，可是我不知道怎么与同学相处，于是我就打他们，以为这样他们就会和我玩了，没想到他们越来越讨厌我。您说我该怎么办呢?"

听了他的心声，我深深地感受到这个孩子的内心充满了自卑和孤单，我该怎么帮助他？经过思考，我决定"多管齐下"。首先，我特意安排了一个责任心强、学习成绩好、乐于助人的女同学吴雪雯（化名）跟他同桌，目的是让吴雪雯多帮助他。我事前和吴雪雯进行了一番谈话：为了班集体，不要歧视他，尽你自己最大的努力，耐心地帮助他。吴雪雯表示十分愿意帮助他。有时，吴雪雯也会产生一些厌烦情绪，说他不太讲道理，欺负人。每当这时，我就劝吴雪雯"慢慢来"。其次，我发动全班力量，为此我召开主题班会"我们是一家"。在班会课上，我把王子贡的实际情况告诉大家，发动大家发挥集体的力量关心他，帮助他，让他感受到集体的温暖。此外，我还找他的家长沟通，让他们改变教育方式，不要把他当成病人，不要限制他与同龄人玩耍，同时对于他的错误，必须坚决指出并要求他改正。

在大家的努力下，他渐渐变得阳光了，表现也越来越好，越来越多的同学愿意和他玩。连他的父母也对他的进步感到吃惊——原来的他谁的话都不听，现在的他比以前听话多了！

类似的例子还有很多很多。我告诉他们不要和别人比，只和昨天的自己比，每天进步一点点就好。经过一个学期的时间，班级面貌发生了显著变化：孩子们的着装规范了，举止文明了，就连学习习惯也变好了。随着良好的学习习惯的养成，孩子们的成绩明显提高，孩子们渐渐找回自尊和自信。六年级时，我们班还先后被评为"弋江区优秀少先队集体"和"芜湖市优秀少先队集体"。

正如陶行知先生所说："不要你的金，不要你的银，只要你的心。"当我满怀真心去对待学生时，我已在其中获得了真心的回报，我将继续努力，在我的教育生涯中将这份真心延续、传递！

老师，您太宠她了！

——对一名听力障碍儿童关爱教育的反思

王　静

“老师，您太宠他了！”这是一位刚刚毕业近一年的学生家长在与我聊天时说的一句话。想起这句话，我的眼前又浮现出那个可爱女生的模样。

六年前，我新接手了一年级的一个班，慧慧是其中的一名学生，她患有先天性听觉障碍，即使与人面对面交流也听不清楚，她的父母为她配备了助听器。即使这样，她的听力也没有因此得到较大改善。慧慧因为听力缺陷，口齿不清，与同学们交流也有些困难。这些都让外表看上去坚强的她内心非常自卑。慧慧上课时不敢举手发言，课间也只是坐在椅子上看着别人玩耍或者自己看看书。为了让慧慧能够尽快地融入班级，我召开了班会，向同学们介绍了慧慧的成长经历，同时告诉同学们慧慧身上佩戴的助听器是帮助她和大家交流的新耳朵。虽然这只新耳朵和我们正常人的耳朵有一定差别，但是慧慧正在努力克服困难和大家一起听和说，希望大家能理解慧慧并帮助她。我又指定几个学生坐在慧慧的周围，帮助她解决各种小问题。我还给大家讲述海伦·凯勒的故事，鼓励慧慧勇敢、坚强。除此之外，我也和其他任课老师进行了沟通，并且制定了有针对性的教学策略：老师上课的时候尽量能够吐字更清楚一些，适当放慢语速，说话时尽可能站在靠近慧慧的地方，尽可能面对慧慧说话。这样，她可以靠适当的唇读增加对课程的理解。慢慢地，慧慧脸上的笑容多了，上课时敢于发言了，即使口齿不清也不再羞涩了。越来越多的小伙伴愿意与她交流，她的口齿越来越清晰，学习也非常努力，成绩越来越优异。越来越自信的她在三年级时被评为“芜湖市十佳少年”，成了同学们的榜样。我觉得慧慧这样的孩子虽然增加了我的工作量，但是，这也为班上的同学创造了一次又一次互相关爱、互相鼓励的机会，让同学们真正体会到什么是爱和包容，从而相互促进、相互提高。六年，我和慧慧及她的家人建立了深厚的感情，看着快乐的慧慧，我一直觉得对她的教育是成功的，直到最近……

“老师，您太宠她了！”这句话慧慧妈妈说了两次。第一次是孩子刚进中学不久，不能很快适应新环境，她在和我诉苦时说的。我知道她没有任何抱怨的意思，相反她一直对我都很感激，觉得我对孩子太好了，所以我并没有太放在心上。第二次，也就是前几天，她妈妈打来电话，告诉我孩子一门功课的考试成绩不理想，孩子在校门口被班主任老师揪耳朵并在众目睽睽之下被狠狠批评的事情，家长当时只敢顺着老师说慧慧最近不太认真。其实，家长心里很难过，孩子也深受打击。孩子回家后一言不发，原本对初中生活就不太适应，又发生了这样的事情……我听着觉得很心疼，因为我知道，听障学生在受到挫折或委屈后，不知道如何正确宣泄，一般会选择沉默、自闭的方式逃避。此时，她内心该多难受呀！慧慧妈妈在电话里哭着对我说："老师，您太宠她了！"那一刻我受到了深深地震撼，先不论这位中学班主任的做法正确与否，我做错了吗？慧慧作为一名残疾儿童，生活在正常孩子的群体中，我对她的关照肯定是要多一些的，因为我的关爱而导致她无法适应中学的生活吗？这几天，我一直在反思这个问题。

一、关爱学生，是教师的责任

我们常说，没有爱就没有教育。拥有爱心是作为一个好老师的基本条件。爱学生的老师才可以给学生以亲近感和信任感，才能和学生很好地交流，才能拥有通向学生心灵深处的钥匙。特别是对于一些特殊的学生，更要求老师满怀父母般的爱心，细心地发现他们的个性特点，体察他们心灵的每一个变化，寻找契机，用爱心帮助他们树立自信，扬起生命的风帆。工作中，我一直尽力做到满怀爱心地对待每一个学生，尊重、关心、爱护他们。对于慧慧这样一个特殊的孩子，我倾注了更多爱心，通过各种方法帮助孩子克服自卑的心理，找回自信，快乐地度过六年的小学时光。看着慧慧脸上快乐的笑容，我觉得对她的爱的教育是正确的。关爱学生，是教师的责任。

二、理性关爱，教育是为了放手

爱学生是一个教师的责任，可作为老师，究竟该如何给学生更加理性的关爱呢？我一直思考着，我真的是在爱他们吗？

慧慧虽然先天残疾，但她学习十分用功，再加上有教育教学经验的外公的辅导和老师、同学的关心，她的成绩一直名列前茅。而她进入中学后（她就近入学，班级里没有原来小学的同学），老师对所有同学一视同仁，对慧慧没有额外的照顾，同学之间也互相不熟悉，加上慧慧自尊心强，在课堂上听不清，课后向同学请教了一两次后，感到别人不太热情，就不愿意再问，成绩一落千丈。虽然后来慧慧妈妈和老师进行了沟通，孩子的情况有所好转，但慧慧一直无法回到小学时自信、阳光、快乐的状态。

现在想想，小学时，我和她的家人为她扫清了学习中的障碍，没有让她学会自己去面对困难，也没有在发现问题的基础上引导她寻找合适的解决办法。六年的小学生涯只是她人生的一个阶段，她人生的路还很长，不可能一帆风顺，总会遇到这样那样的困难。因此，我们不应该设法减少孩子成长过程中可能遇到的挫折，而是应该帮助孩子以正确的方式和心态去对待困难和挫折。教育的目的是“为了教会学生学习，学会做人，学会适应社会，能够更好地生活，服务于社会”。我对孩子的关爱没有错，可是忽略了教她怎样面对困难，怎样适应社会。我想我应该要教他们乐观、坦然地面对自己的不幸，并采取积极的方式应对困难、挫折，因为今天的教育是为了明天的放手。

三、家校合作，携手共助孩子成长

孩子从小学升入初中是一个重要转折点，这是一个孩子半幼稚、半成熟的时期，是孩子的独立性、依赖性、自觉性和幼稚性交织在一起的时期，尤其是像慧慧这样的听障学生，无论在学习、师生关系、亲子关系等方面发生很大的变化时，不适应是很正常的。我想，对于她的小中衔接的过渡教育，我做得很不够。如今的慧慧（根据她妈妈的描述）虽然还是每天按部就班地学习，但沉默了一些，与他人的交往不多。在我看来，孩子现在的状态是非常糟糕的。于是，我尝试和慧慧在网上聊天，鼓励她释放情绪，不要压抑。面对孩子的倾诉，我适时地给予安慰，并鼓励她勇敢面对挫折并尝试自己寻找解决问题的办法。我建议她的妈妈要有耐心，要用积极、乐观的心态去教育孩子，要经常带孩子参加各种社会活动，最重要的是抽时间与现任班主任沟通一下，诚恳地跟班主任说明孩子的情况，让孩子感受到同学和老师的关爱。我希望通过家校合作，为孩子营造一个相对温馨、安心的成长、学习环境，帮助慧慧重新自信起来，阳光起来。

我们每天要面对许许多多不同的学生，每一个学生都需要老师的关爱。慧慧的事例让我由衷地感到如何爱学生是一个重要课题，纸上谈兵容易，实际操作时却会面临很多障碍，怎样做到爱得恰到好处，真的需要我们一线教师们在实践中不断地探究。

第四篇

我与少先队共成长叙事

我佩服那些勤奋的人们

周吉富

说起少先队，我想起了我的少年时代。那是一个物质匮乏的年代，也是一个精神饱满的年代。强大的主流意识让那时的每个人都有着一种忠诚与向往，以形式多样的活动为载体，表达着个体的或整体的政治热情，学校的学生更不例外。那时我们还不叫少先队员，而是红小兵。队员的标志是一枚红袖章和一方鲜艳的红领巾。一个孩子能佩戴上这两样东西是很神气的。于是，当上红小兵便成了我们的向往。每逢重大节日或有重大政治活动，人们穿着统一的服装，排着长长的队伍到某一地集合，表演着相似的节目——唱着一些唱了多少遍的红色歌曲，跳着简单的舞蹈。多少年了，我还对那些歌、那些动作记忆犹新，它们刻在了我的记忆深处。可以说，当时的那些活动，对我们这些心志尚不成熟的孩子而言，产生了很重要的影响。我在今后人生路上的不断追求，与这些活动有着扯不断的联系。

小学毕业后，和当时的亿万少年一样，我与少年时代的政治热情作别，并以为那是永远的分别了。现在，我已是一个年过半百的教师了，让我重拾那种情怀，我有些不自然。

多年来，我作为一名班主任，隐隐地觉得中学少先队建设工作还可以开展得更深入一些。一些同学入团了，另一些同学还是少先队员，而中学又没有少先队组织，这不是脱节吗？这样想着，我就主动和汤老师联系，探讨中学少先队工作的一些方针与方法。同时，我在学校负责党务工作。其间，我去弋江区教育局参加党务会议，会上王敏局长与李海荣科长多次宣传少先队建设工作，这也坚定了我在少先队工作方面做一些事的想法。

几乎从零起步，我开始了少先队课例的编写，我所负责的主题是兴趣拓展。我结合农村中学的实际，搜集、整理了一些孩子们的兴趣点，从学校、家庭、社会不同的角度来表明课例设计意图。在这期间，我得到广州老师的大力支持，很快完成第一稿。尤其在PPT制作方面，广州老师倾尽全力帮助我设计、制作。我还要特别感谢安徽师范大学的辛治洋教授对我的帮助。辛教授平易近人，我敬佩他一丝不苟的治学态度，在我们未曾谋面前，他至少帮我改了五遍稿子。每一次，在我的文档上出现他那红红的批注，就如一个老师在批改小学生的作文，叫我佩服得无话可说。试想，一个大学教授，自己要做学问，还要带学生，居然还这么认真地批改我们的稿子。他对我们的少先队工作倾注了多少心血！

在课例编写过程中，辛教授还数次组织编写组人员进行集中培训与指导。经他的讲解，老师们对课例编写的认识逐渐提高，老师们在辛教授的感染下，表现出忘我的工作热忱与奉献精神。对从事一线教学的老师来说，编写教材是一项全新的工作。然而，人一旦投入进去，就没有克服不了的困难。大家从繁忙的教学中挤出时间，以编写任务作为第一要务。大家在一起讨论，宛如专家，不因自己的平凡而失去信心。虽然一稿又一稿被否定，却从未看到有哪位老师因此动摇，因为我们有一个理念：我们所做的事意义非凡。当散发着墨香的《少先队活动课例》摆在桌上的时候，我们笑了；当我们的成果被市教育局肯定，在全市推广时，我们笑了；当我们的书摆在全国少工委全国少先队工作会议推介会上的时候，我们笑了。

2015年，我在上海参加了一次全国专业性的中学少先队辅导员培训会。我在会上见到全国各地区、各民族的中学少先队辅导员。我之前认为，少先队工作应该是年轻人的事。记得当全国少工委的一位老大姐给我戴上红领巾时，我的心头涌上了一阵激动。我心想，别人也岁数不小了，不也在从事少先队工作吗？那么从事少先队工作，还有什么年龄界限呢？接受了培训后，我打消了这样的念头。一位从贵州来的基层老教师在台上做出旗示范，那种精气神，有些年轻人都无法与之相比。我当时想，比我年长的人都在从事少先队工作，我还有什么理由不好好干呢？

在培训的几天里，我们每次上课前，都要进行出旗仪式，我们像少先队员一样，戴红领巾，行队礼，唱队歌。一种强烈的仪式感冲击着我，让我想到了曾经年少时那些传唱多遍的、耳熟能详的歌曲，其中有些歌词成了我的人生信条。培训会上，领导、专家和基层少先队工作者，从不同的角度说明了少先队仪式的重要性。此时我才明白，难怪每次我到我们区内的一些学校观摩少先队课时总能看到仪式先导。中国是一个礼仪之邦，“礼”是一种观念性的东西，它们或许形成于文，或许铭刻在人们的心目中。“仪”是一种外在形式，以形式或动感的形态把礼表现出来，并以此增强人们礼的观念。同样，在少先队队课或其他地方，仪式可以激发孩子或在场的成年人的情感，加强在场的人们对过去的回忆，对未来的憧憬。在红色的队旗下，激扬的队歌中，对人的灵魂进行了又一次的洗礼。试问，对于青少年，这样的仪式能少吗？这是我对于少先队队课仪式一点肤浅的认识吧。

经过两三年的少先队工作实践，我认识到中学少先队工作的重要性。我佩服且感谢那些在少先队工作方面引导着我的人。

我的少先队梦

偶 玲

小学一年级时，我光荣地加入了中国少年先锋队。那时的我，脸上洋溢着笑容，觉得自己光荣无比——我是一名少先队员了，我拥有一条鲜艳的红领巾了。那绸状的红领巾系在颈上，仿佛我戴上的是一枚奥运金牌。不论春夏秋冬，我的红领巾一定都系得整整齐齐，放在衣领外最显眼的位置。我最喜欢的就是周一早上的升旗仪式，我总觉得自己是队伍里站得最直的那一个，我等待主持人一声令下“升国旗，敬礼”，眼睛盯住冉冉升起的五星红旗，右手五指并拢，高举头上，神情庄重、严肃……

随着年龄的增长，我加入了中国共产主义青年团，后来又成了一名中国共产党党员。现在，我已是一名小学语文老师，离开中国少年先锋队的日子已经很久了，可是那些记忆依旧深深地保存在我的脑海里……

我2015年进入芜湖市南关小学，担任102班的语文教师。我班上那些稚嫩的孩子们，每到周一举行升旗仪式，当冉冉升起的五星红旗随风飘扬，即使再调皮的孩子，也会立刻安静下来，情不自禁地高举右手，从他们那里，我看到了他们对国旗的尊敬，唱着国歌时的自豪。这时候的我，虽然不忍心，但还是会提醒他们，不是少先队员的同学不能敬队礼。每当这时，孩子们总是不太情愿地放下右手，眼巴巴地看着高年级的哥哥姐姐们，胸前飘扬着红领巾，高高举起右手。我相信，孩子们的心中都会有一个坚定的信念：我要争取尽早加入中国少年先锋队！第一学期快结束的时候，班级里的一批同学成了少先队员，拥有了鲜艳的红领巾，孩子们开心极了。但其他孩子不免有些失落。我总是鼓励他们，好好学习，好好表现，一定能够成为一名少先队员。或许现在的他们，可能还不能理解红领巾、少先队以及少先队员的真正意义，但是，总有一天他们会知道，红领巾、少先队、少先队员，就是要用自己的双手把祖国变得更富强、更文明……

大队辅导员叙事

杨　静

我在南瑞实验学校已经工作4个年头了。从去年开始，除了进行正常的教学工作外，我还担任了学校的大队辅导员。其实，对于我这样的美术教师来说，接手大队辅导员工作的时候，我心中不免有些忐忑。所以，一方面，我向学校德育处的杜老师请教相关工作；另一方面，我在网上查阅其他学校是如何开展少先队工作的。

我接手大队辅导员工作后，在我校王明芳校长的指导下，做了如下工作。

第一，完善我校少先队建制，在全校公开、公平、公正地选举少先队大队部的大队长、宣传委员、劳动委员、学习委员、文体委员、纪律委员以及各中队中队长和委员。建制完成后，我们把培养少先队干部作为一项重要工作来抓，不定期培训干部，重视提高少先队员的工作能力和工作热情，教给他们工作方法，增强他们的服务意识，努力向"人人是管理者、处处有管理者"的自主管理模式这一目标奋斗。

第二，坚持规范的升旗仪式。每周一全体师生肃立在庄严的五星红旗下，在雄壮的国歌声后聆听师生共同主持、参与的国旗下讲话。在本年度里，我认真组织每周的升旗仪式，提前做好准备工作，在各班挑选出优秀的同学担任护旗手，由一名学生或老师做国旗下讲话，讲话内容以我校德育工作为基础，并结合近期发生在我们身边的事情，对孩子们进行教育。

第二，每天坚持对红领巾监督岗的检查。按照年级、班级轮流的方式，每周由各班选派的学生做红领巾监督岗工作，对全校队员的卫生、两操、礼仪、纪律等方面进行检查并做好记录，在升旗仪式上公布成绩，并颁发流动红旗。上学期，我考虑到一年级孩子刚进入小学，需要一定时间来适应小学生活，所以，执勤中队长工作主要在二、三年级的同学中开展。从执勤中队长的推荐、选拔到业务培训，再到检查反馈，队员的能力在一次次的锻炼中得以提升。下半学期时，一年级的队员也加入了我们的队伍中，虽然他们年纪小，但学习的劲头非常足，一个月下来就很好地完成了自己的工作。一年来，一到三年级的执勤中队长们一直不忘以高标准、严要求约束自己，做队员的表率。

第四，开设“蒲公英广播站”。我们在全校同学中选拔了十名语言表达能力较强的同学，分成五组，每周二和周五中午，利用上课前的二十分钟播放同学们自编的节目。我校的校园广播内容涉及学生生活的方方面面，既有“妇女节为母亲献诗”“清明节的来历”这种和节日有关的节目，也有“春季传染病防治”“怎样避免流感”“谈谈身边的食品安全”“说普通话和写规范字”“如何做好期中和期末的备考”这类与同学们学习、生活密切相关的节目，更把学生文明礼仪、交通安全、环境保护、学习习惯等融入其中。通过这些节目，“蒲公英广播站”切实成了我校德育工作的前沿阵地，对同学们的价值观和行为习惯的养成起到了积极的引导作用。同时，“蒲公英广播站”培养了多名优秀的小播音员，为学校各类活动选拔小主持人提供了平台。

第五，积极开展各项活动。我校小学部有42个班级共2000多名学生。在王校长的带领下，上学期我们分年级开展各项活动。这样，不但可以把人数多、难开展活动的劣势转化为优势，而且能达到丰富同学们校园生活的目的。一年级的入队仪式，三年级的“以物易物活动”，四年级的“足球联赛”，五年级的“圣诞派对”……同学们在这样的集体活动中快乐成长，增进友谊。

作为一名少先队辅导员，我深感肩上责任之重大。我清醒地认识到：推进素质教育是对传统教育思想和陈旧教育观念的深刻变革，不能再拘泥于传统的工作模式，要形成新的教育思想，就应该在素质教育改革的实践中摸索，在教育实验的探索之中逐步升华与完善。

中学少先队之我见

凌　燕

队员进入初中后，学习内容增多，课业负担加重，又面临着中考的压力，便会出现一些问题，其中一点尤为明显：曾经让他们引以为豪的少先队组织在他们心目中的地位悄然改变。同时，他们也迈入了一个新的心理阶段。

工作中，我感到中学少先队活动存在以下几个问题。

一、学业重、活动少

少先队活动在小学开展得有声有色、形式多样。从某种意义上可以说，小学六年完全是少先队组织生活中的六年。孩子们跨进中学大门后，校园环境改变了，活动减少了，取而代之的是上不完的课、做不完的试卷，评价标准也骤然缩小成单一化的成绩评价体制。而中学的少先队则是在共青团的领导下，其组织形式必然与小学有所区别。即使是开展少先队活动课，也是单一的，理论性的。队员变得茫然。渐渐地，他们完全被学习的压力压垮，再也提不起兴趣去参加少先队活动。于是，少先队的组织生活就这样被一点一点淡忘。

二、进入青春期后的心理转变

跨进中学大门之后，孩子们进入13—15岁的年龄阶段，他们的身体、心理都在悄然发生着改变，他们多了一分敏感，多了一些期待，同时也多了许多责任。可能他们想借助初中这个新平台实现自己新的梦想，为自己的将来勾勒出一幅美丽的图画。

这种心理上的转变很可能改变他们对少先队的认识——在小学阶段很有趣的少先队活动，可能现在看来很幼稚，觉得不好意思参加。现在的这群少先队员更在乎自己的穿着，看重自己的体貌，也更在意别人对自己的看法。这个阶段的孩子往往追求的是一些理想中的东西。

三、来自家长的压力

相当一部分学生家长受应试教育的影响，认为中学生的主要任务是学习文化知识，考取重点高中才是王道。所以，少先队活动的开展得不到家长们的支持。

四、中学少先队辅导员面临中考的压力

初三学生面临中考的压力，教师教学任务重，没有过多的时间去开展活动。教师们的精力也都在教学上，更多关注的是学生的成绩。这样，少先队辅导员很难分出精力去组织各种少先队活动。同样，作为一名九年级毕业班的辅导员的我，有时候为了完成教学进度，甚至把活动课改为课堂教学或者让学生做作业，活动课的价值没有得到体现。即使是开展活动课，也对少先队活动课的目的和意义认识不够深刻，总觉得中学不像小学，对开展活动要求不严、标准不高，只求“面子上过得去”。我所在的第七工作站举行了多次教研活动以及少先队活动课的观摩，但是我都以上课或者批阅作业为由，很少参加。加上我也没有太多的少先队工作经验，更是无法在班级开展少先队工作。

尽管在中学开展少先队活动课，相对于小学有更大的难度，但是初中阶段也是“团队衔接”的重要阶段。中学的少先队工作是为共青团工作打基础的，基础打得好，团员素质就能得到提升，团的战斗力就强，因此我认为一定要做好中学阶段的少先队工作。

首先，初中的少先队员处在青少年的过渡期，这是个特殊的时期，少先队活动应符合中学生身心发展的特点和规律，突出中学生的“主体”地位。同时，活动要有一定的梯度，为队员制定分层达标任务，不同的年龄段有不同的任务。其次，少先队辅导员老师既是活动的指导者，又是活动的参与者。所以，我希望能多举行少先队辅导员的学习、培训工作，提高他们的专业素质。最后，我希望能把好的少先队活动课录制成光盘，直观、真实地展示在大家面前，让所有的辅导员老师和少先队员都有学习的榜样。当具体到每个中队开展活动的时候，辅导员可以根据需要结合自身实际量体裁衣，灵活安排活动的内容及表现形式。

回顾这一年多的少先队辅导员工作，我想说我是有收获的，我学会了思考，明确了前进的方向。

少先队“闯关”行

史　蕊

一天早晨，我被校长喊进办公室，校长告诉我教育局将我校定为少先队试点学校，我们区即将编写少先队活动课例，初中组需要一名副组长，局里希望我们学校推荐一名老师。校长希望我能担任副组长。我当时有点担心，虽然我曾经兼任过大队辅导员，可那时我所做的工作都是些基础性的工作。所以，我婉拒了校长。校长说人总要挑战一下自己，不做怎么知道不可以，带着这份信任我接下了这项神圣的任务。

我第一次参加少先队活动课例会议后，顿时有种“大敌当前”的感觉，我感到这是一件非常严肃的事情。于是，我按照辛教授和汪老师的要求开始整理关于初中的关键词。我先研究小学的关键词。我研究指导纲要后，结合小学关键词看纲要，再结合纲要和小学关键词写初中关键词。我写完关键词后，请我爱人帮我修改。这是我与少先队工作的第一次亲密接触。

第二次少先队活动课例会议上，当我听三个小学组组长陈述他们组的课例时，我对他们投去羡慕的目光——她们已经开始写了，而我们连关键词都没定下来。当我向大家介绍关键词的时候，我十分忐忑。虽然我之前和汪老师沟通过，他让我自由发挥，但是这种“自由发挥”让我害怕——我们初中的少先队辅导员们就像刚学游泳的孩子，既想游得漂亮、轻松，又害怕轻柔的湖水将我们淹没。我当时很纠结，这种状态持续了好几个月。

随后，第三次教研会在萃文中学召开。参加完小学组研讨会后，大家纷纷表示压力巨大。说实话，我们初中组在那时还是找不到方向，不过，我们互相鼓励。

少先队活动课例的关卡闯到第四关了。我们全组战友到齐，我们将第一次写的课例放在一起讨论，大家才发现有这么多问题需要修改，有的课例竟然要重写。我们刚刚找到的一点方向又迷失了。当初觉得提笔难，可提笔之后我们发现原来更难的在后面。

第五关再次回到萃文中学。我们怕格式出错，就把每一篇课例的格式全部统一。不进则退，辛教授之前说我们初中组写得比较清晰，没有犯低级错误，我们都很开心。最终这个“开心”的结果就是，除了朱少君老师的课例一次性通过，其他人要继续修改。不得不承认他的通过不是偶然，他确实是认真做学问的人，大家拿着他通过的课例反复学习。

“闯关”的那段时间，陶静老师虽然在外省比赛，但是仍按时完成每篇课例；张瑛老师带着高烧参加讨论会；郭道齐老师的孩子生病了，他把孩子送往医院后，直接来参加讨论；……我们不知道为何会为少先队付出如此之多，我想大概就是那个时候，在不知不觉中我们已经与少先队产生了感情。

我们都在努力地写课例，认真融入少先队，写初稿的时候有点“少年不知愁滋味，为赋新词强说愁”的感觉，为了写而写。回想那时候还真是痛苦，而现在我们每位初中课例编写老师都在努力融入少先队，少先队的工作就这样进入我们的生活。

如果我们不理解少先队，就写不出有感情的课例来。

他是谁？为了谁？我们现在已经不再迷茫。

经历了这些与少先队相伴的日子的我们痛并快乐着，少先队活动还有新的“关卡”在等待我们去闯。“闯关”的这些日子我们是幸福的，并且我相信我们会一直这样幸福下去。

与少先队的一次告别

杜新宇

人生如白驹过隙，转眼之间，已过去了4年，这4年来，我与少先队之间发生的点滴，依旧历历在目。曾经有过迷惘，也有过疑惑，然而更多的是信念和坚持。一幕又一幕生动的影像镌刻在我的脑海中，回想我与少年队经历过的一切，印象最为深刻的是2016年5月12日——全国级别的少先队退队入团仪式展演。

那天，来自全市各中小学的少先队大队辅导员莅临我们学校大礼堂，参与这次策划良久的退队入团仪式。我与即将退队的少先队员怀着激动的心情，在学校大礼堂隆重举行退队入团仪式。这是他们期盼已久的时刻，因为这不仅意味着他们将告别天真、烂漫的儿童时代，告别陪伴他们一路成长的少先队，还意味着他们将迈进朝气蓬勃的青年时代，迈进具有更多责任的新组织——共青团，那里寄托着他们的成长与梦想，也凝聚着他们的期待与希望。

在我们的人生道路上，有三个关键的阶梯：入队、入团、入党。对于即将退队的同学来说，这将是他们人生中一次重要的回忆与感受。我在前期的工作中亲力亲为，力求不出一点问题。主持人的演讲稿，学生的演讲稿，在经历过无数次的修改后终于成形。在活动举办的前夕，我足足花了三个晚上选择课件背景，思考结构并制作。在退队入团仪式前一天，我与德育处史主任、团委朱老师一起布置了大礼堂，只为了让学生感受温馨的一幕。

5月12日那天，我们早早地来到学校大礼堂，安排的学生会成员也按时到达指定场地。前期的暖场音乐也是经过反复斟酌的，我们认为用《红旗颂》与《黄河协奏曲》更能表现今天的特殊意义。

8年前，同学们在鲜艳的队旗下庄严宣誓，加入了中国少年先锋队，今天，他们已长大成熟，即将离开少先队，加入共青团，开启新的旅程，迈向崭新的未来。

这次的退队入团仪式圆满完成，学生会的成员们都非常认真，可以说是累并快乐着。仪式结束之后，所有参加服务的学生会成员与我们一同庆贺，一同期待下一次退队入团仪式的到来！

成就爱，为人所爱

张　颖

2009年，我大学毕业，同年7月，我考入了区属的一所城郊中学，从事英语教学工作。2010年9月起，我担任学校团委书记，兼任大队辅导员，主要负责学校团队建设的相关工作。

在接手团队工作的几年里，我和队员共同成长。我始终坚信，每名队员都是一片肥沃的土地，辅导员必须给予他们耐心的培育，使他们能在磨炼中成长。因此，我积极组织团队活动，激发队员的参与热情。我所在的学校软硬件条件有限，所以在开展团队活动时，我会因地制宜，针对孩子们的自身特点，结合学校自身特色，开展丰富多彩的团队活动。

我校位于弋江区的城乡接合部，校内学生以留守儿童居多。从2011年开始，我负责学校留守儿童之家建设和管理相关工作。在建立学校“留守儿童之家”之初，我亲自前往石硊中心学校实地考察、学习。回到学校后，我根据我校实际情况建立自己的一套工作体系。为了尽快完成工作，当时家住市区的我经常主动加班，虽然辛苦，但是一想到那些需要我关爱的留守儿童，这点辛苦又算什么呢？

工作期间，我有机会近距离接触到了这些队员。我最深的体会是，他们有的比较自卑、自闭，有的非常叛逆，很难管理。我在对全校各班留守儿童进行摸底排查时，当问到一个男生的出生日期时，他小声地说：“辅导员老师，我不知道自己的生日。我从来没有过过生日。”听到这句话，我内心一震。一个孩子连自己的生日都不知道，真是件令人很心疼的事。这让我注意到了这个瘦小的队员，他叫胡某某，当时是学校八年级某中队的一名队员。父母离异，各自外出打工，他长期一个人生活。他一边上学，一边料理自己的生活。这对于一个十几岁的男孩子来说是一件非常不易的事。长此以往，他面黄肌瘦，卫生习惯也很差。我决定对他进行跟踪关注。我会每月固定和他的父亲通话，一方面反馈孩子在校的情况，另一方面也督促父亲尽责。另外，每周我会和孩子在留守儿童之家聊天。刚开始，他是不愿意和我交流的，更不愿向我透露太多的个人情况。一个青春期的孩子，有自己的个性，况且他平时在班上也不太合群，他封闭着自己的内心世界。于是，我尝试着帮他建立自信心，试着使他敞开心扉。我会刻意安排他在班级做一些事情，他的成绩不是太好，我就不提学习成绩。我会安排他在每节英语课前帮我拿录音机，让他给同学们发作业本、发书，让他帮我整理留守儿童之家的书柜，等等。渐渐地，我发现他不再那么自闭了，从他的脸上我看见了笑容，他也愿意主动和我交流了。孩子都是非常敏感的，你对他的一点点好他都会记在心里。你摸摸他的头，给他鼓励的话语，他会一直记得。胡某某只是众多留守儿童中的一个。我想只要我们多关注这些队员，多与他们交流，让他们找到自信，那么留守儿童才能真正感觉到留守不孤单！

每天和队员在一起，是我最快乐的时光。想要做好德育工作，作为德育工作者的我们必须带着饱满的热情去工作，带着爱心去对待每一个队员，与队员真心交流，与他们交朋友、信任他们，只有这样，才能了解他们。学高为师，身正为范。在学校，我总是严于律己，注意自己的一言一行，为队员做出表率。作为一名年轻的教育工作者、少先队辅导员，路漫漫其修远兮，我要学习和践行的还有很多很多。我明白必须充实自己的理论知识，并在有经验的少先队辅导员的帮助下，更好地为少先队事业贡献出自己的一份力量！成就爱，为人所爱！

为了这份认同

辛治洋

第一次与少先队结缘，多少有些道德遗憾。当时只有4岁的我，看着在读小学四年级的姐姐戴着红领巾的样子很好看，就要赖地缠着她要。当时是妈妈帮我说情，让她把自己的红领巾让给我，妈妈让姐姐到学校去找老师再要一条，就说自己的那条丢了。当时戴着红领巾的我在小伙伴面前特别神气，总觉得自己的身份跟别人不一样。

一、2013—2014：我的工作认同

如果说，当年这份可怜的自我认同是通过外在标志实现的，而30年以后的我当然知道，认同是需要靠自己的工作态度和工作成效才能实现的。

2012年7月，我评上了教授职称。不管承认与否，教授这个职称对于大学老师而言，在某种程度上是个分水岭，有的教授要么从此活跃在家庭、市场等领域，要么继续在体制内做课题、发论文、报奖项。我当然不希望自己是前者，但也不想只讲科研积分不问研究积累。问题是，我的研究积累该走哪条路呢？我回过头来看看发表的那些论文，如果说我2000年以后的研究生学术生涯可以用“批判”来概括的话，2006年参加工作到2012年的研究特色就是“实践”了。既是我的同事，又是同门的周兴国教授鼓励我把这种研究特色坚持下去。

2012年8月，与全国其他大部分省属师范院校同步，“少年儿童组织与思想意识教育”作为教育学一级学位点下的自设二级学位点，列入安徽师范大学2013年研究生招生方案。随后，我被派到该学位点，负责学位点的招生和学生培养工作。虽然，当时我没怎么犹豫就接受了这份差事，但作为前期主要从事道德教育研究工作的我而言，无论是学位点名称所标示的少年儿童组织与思想意识教育，还是其研究重点——少先队教育，对我而言，依然是一块比较陌生的领域。这就意味着我得花很长一段时间调查、了解这个全新的研究领域。

从2013年春到2014年夏，我对这个领域的了解大致通过三个途径。首先是

全程参与芜湖市的少先队工作巡礼，接触广大的少先队辅导员，观摩各县区的少先队活动。其次是全面介入安徽师范大学附属小学的少先队活动设计。在郁培林校长的支持下，我与时任德育室副主任的汪建设老师一起，设计并实施了安徽师范大学附属小学所有年级的少先队活动课例。后来，安徽师范大学附属小学德育室以此为基础成功申报了安徽省教育科学规划课题。最后是我与研究生一起，全面整理和学习了全国少工委网站上从2004年到2013年有关少先队的所有政策文件。同时，我们还坚持每个星期开一次研讨会，读经典名著或讨论学习中遇到的问题。

在这段历程中，我的努力说到底是为了求得在读研究生的认同。安徽师范大学教育科学学院在最初的制度设计中，本学位点有四位教师，但其他三位都是团省委或学校领导，随着他们工作的调动，实质上也就我一人在学位点指导学生。学位点聘请的几位任课教师也各有各的遗憾，高校教师虽然有少年儿童组织管理、活动课程乃至思想意识教育方面的前期研究，但对于当前的少先队工作和少先队教育而言基本上是空白；基层兼职教师倒是有着丰富的少先队工作经验，但缺乏学理性思考。当时，这种遗憾只有我有意愿和基础来弥补。我想让我的研究生觉得，无论是在知识体系上，还是在学位点的建设成效上，我都是合格的学位点负责人。

二、2014—2015：我的社会认同

2014年8月，全国少工委办公室发布了《关于区域化推进少先队活动课建设的通知》。这份通知在一个月内层层转发，共青团芜湖市委确定弋江区作为区域化推进的试点区县。弋江区教育局局长王敏对此事非常重视，联合团区委和区少工委联合聘请我为弋江区“区域化推进少先队活动课示范区”建设指导专家。在论证会上，我提出了三个分步走的建议。第一，先成立区级少先队活动课专项教研组，后在条件成熟的基础上各学校成立教研组；第二，先编课例，后进课表；第三，先从三年级推进，然后逐步从一年级扩展到八年级。事实证明，在前期基础不稳固的基础上，分步骤推进是行之有效的策略。

然而，或许是因情况不明，或许是长期养成的认知惯性，使得极个别辅导员老师以一种应付的态度来对待课例编写工作。他们的这种心态在最初布置三年级课例的编写中得到了充分的暴露，在12人编写的24篇课例中，至少有一半课例是从网上抄袭的。记得在利民路小学召开的统稿会上，我说：“我们都有抱怨，

抱怨形式主义；我们都有羡慕，羡慕别的教师的授课自主。而现在，我们居然有了这个机会。我们需要尊重这个机会，这是对我们职业的尊重，对学生的尊重。可能有些老师会说，你说的话有些大了。那我就说我们这群人花时间坐到一起，我们至少得相互尊重对方的劳动吧。否则，我一个在大学工作的人，为什么要如此殚精竭虑，陪着大家呢？无非是我真的有个关于教育的梦想，那样的教育没有抱怨、打骂和繁重的作业，孩子轻松、快乐地成长；也无非是我的女儿正在接受各位同仁的教育，我希望跟大家一起努力，为自己家孩子创造出更为科学的教育来。正是基于这种尊重，我不得不逐一分析下列课例的抄袭问题。"随后，我逐一列出了各课例的抄袭部分、比例和来源。这次统稿会不仅为后续课程推进工作创造了难得的求真氛围，也为我个人树立了一个良好的指导者形象。可能在后续的交往中，我在他们心目中的形象变得越来越丰富和复杂，但"辛教授做事是认真的"这个画像却始终没变。

2015年9月30日上午，一辆货车载着全区17所学校的125位教师编写的《少先队活动课例》缓缓驶入弋江区教育局。这次时间跨度为一年的课例编写，建构了全国唯一一个由区（县）层面独立完成的少先队活动课例体系，充实了少先队活动课例的内容、体系、教学等问题，缓解了少先队活动课例的教研矛盾，锻炼了弋江区少先队工作队伍。11月6日，弋江区教育局局长王敏在芜湖市少先队活动课例发布会上说："高校专家主持编写是课例顺利完成的关键环节。随着工作的不断推进，在辛治洋教授统领下，层层开展少先队专业知识普及，明确各个参与编写者的职责，不断纠正理论和案例上的偏差，使得备课成为课例进课堂的必要组成部分，课程建设成了教学研讨的重要内容，课例编写成了辅导员发展的重要凭借，少先队活动成了教育督导的重要内容。"应该说，王局长对我的充分肯定，是对我一年辛苦工作的最大慰藉。

在课例编写过程中，我收集和整理了来自各方的意见和问题，逐步捋清了课例的编写背景、选题依据、编写依据、编写组织、编写过程以及使用说明，回答了少先队活动的"动""静"关系、"神""形"关系、辅导员的引导与队员自主的关系、活动与教育的关系、少先队活动与学校德育的关系，这些想法汇集在课例的《编写说明》中，并以弋江区教育局的名义发表在《辅导员》杂志2016年第一期上。杂志主编李仓海在阅读了我们课例的《编写说明》后跟我交流："在认真学习了你们的课例编写说明后，深为你们的钻研精神和科研能力所打动。你们对少先队活动课的研究，特别是如何使之落实于学校的教育教学之中，成为学校认可、辅导员会操作、队员能接受的课程，细致、实在，可推广。你们的课例编写在我看来非常及时，为辅导员们做实少先队活动课提供了有力的保障。你们能这么细致地对活动课进行扎实的研究，真的应该报道，至少让团教两家的领导和同行们有个借鉴。也向你和教育局王局长这样的能为缺乏理论研究、体系性较弱的少先队做贡献的人致敬！你现在比在少先队领域中实践了十多年的人们，还要专业一些呀！”我想，李主编的话虽然有鼓励的成分，但多少还是有行业内的认可吧。

三、2015—2016：我的自我认同

课例的正式出版，既是一个结尾，也是一个开头。用好课例才是关键。为此，在我的主持下，弋江区教育局成立了“少先队活动”学科工作站。该站在教育局党工委副书记詹玉坤的带领下，走访了弋江区的所有中学和小学，形成了《弋江区各中小学少先队活动课例建设考察报告》，详细了解了各个学校在少先队活动进课表的组织领导、文件和课例学习、辅导员的聘任、学校课程表、课程管理、教研组建设和装备保障情况，并向弋江区教育局领导提出了相关政策、建议。在调研的基础上，弋江区“少先队活动”学科工作站重点做了三方面的工作：一是以委托课题的方式，对课例中的仪式感染、礼仪教育、团队关爱、安全教育（分为农村与城市）和“少先队活动”与学校德育工作一致性、中小学衔接的《少先队活动课例》改进、团队衔接的《少先队活动课例》改进等展开研究；二是继续邀请省内外专家，紧密联系少先队活动课例开设的核心问题，做好理论解读工作，精心筹划每月一次的区级教研活动，通过观摩与研讨，提升中队辅导员的业务能力，以此提高辅导员对少先队的基础知识、少先队仪式、少先队活动的专业水平。目前已经开展了10次区级教研活动。

在我们的有序推动下，事情在悄然发生着变化。当南瑞实验学校的柴红老师对口交流到白马中心学校后，柴红老师和白马中心学校的徐晶琳老师带动了白马中心学校的少先队活动课的正常开展。当我在他们学校接触到那群活泼、可爱的孩子时，我想我们还有什么理由不好好为他们的发展提供条件？鲁港中心学校的朱洁老师把鲁港小学的少先队活动课带进了塔影小学，塔影小学的老师们表示头一次见识到少先队的课可以这么上。萃文中学的史蕊老师是她们学校的德育副主任，同时兼任一个班级的班主任和中队辅导员，她每次晒出的学生自主设计、主持的班队会照片，美得跟她晒出的美食一样让人垂涎欲滴。每次教研会之前，每

次教师参加赛事之前，他们都会邀请我前去提建议。像这样的事情举不胜举。我想，当他们有事时就能想到我，孩子们能在少先队活动中找到自在和快乐，这难道不是一种无言的认可，一种实际的身份认同吗？

时光一去永不回，从2013年实质性接触少先队工作到现在，我们前前后后有很多变化。这些变化不仅有上面所描述的，也有来自家庭和其他方面的。当这本书正式出版时，估计也就是我40岁生日的前后。我们常听到“高调做事，低调做人”这句话，好像我这几年恰恰走着相反的路径。高调做人，是因为做人总是有原则和棱角，有原则和棱角的人才是自由自在的人；低调做事，是因为事情需要具体和扎实地解决，敲锣打鼓不是做事而是告诉别人你在做事。我喜欢做事，正如路遥所言，“只有在无比沉重的劳动中，人才会活得更为充实”。40岁了，当想起3年前父亲的故去，当看着我女儿若水的逐渐长大、独立，我越来越感觉到，来自行业的、社会的和交际圈的认可固然重要，但自我劳动获得的存在感和尊严尤其宝贵，来自自己对自己所从事工作和生活方式的认同弥足珍贵。

我想，无论是单位的学位点建设、研究生的学术成长、社会教育事业的发展，还是新一代少年儿童的成长，对于一个人的一生而言都是阶段性的。唯有从阶段性的投入中获得持久性的认同，才是我不得不努力的目标。